volumen 1 Cómo dirigir las lecciones de Jugar Junto a Dios

La Guía Completa para

Jugar Junto a Dios

Jerome W. Berryman
Editor de la Versión en Español, Jaime Case
Editor, Dirk deVries
Traducción al Español, Oscar Daniel Imerr

Un método imaginativo para presentar las historias de las escrituras a los niños

Dedicado a Thea,

*mi amada y creadora
de Jugar Junto a Dios..*

© 2002 por Jerome W. Berryman

Editor de la Versión en Español, Jaime Case
Editor, Dirk deVries
Traducción al Español, Oscar Daniel Imer

Todos los derechos reservados. Ninguna parte de esta publicación puede ser reproducida o trasmitida en cualquier forma o por cualquier medio, electrónico o mecánico, incluyendo fotocopias, grabación, o por cualquier sistema de almacenamiento o de recuperación, sin el permiso por escrito del editor.

Las citas de las escrituras utilizadas en este trabajo pertenecen a Dios Habla Hoy, Versión Popular de la Biblia, Tercera Edición © 1995 por las Sociedades Bíblicas Unidas.

ISBN: 978-1-60674-049-1

TABLA DE CONTENIDO

Reconocimientos 5

Introducción 9

Capítulo 1: Qué es jugar con Dios? 11

Capítulo 2: Usted es un Narrador 21

Capítulo 3: Juego, PseudoJuego y Gracia 35

Capítulo 4: Las Tuercas y Tornillos de Jugar Juntos A Dios 51

Capítulo 5: Aquí Habla Jugar Junto a Dios 75

Capítulo 6: Ingresando en la Tradición 86

Capítulo 7: Hacia una Teología de la Niñez 108

Epílogo: La Última Historia 143

Apéndice: Más Información sobre Jugar Junto a Dios 147

Notas finales 148

Bibliografía 151

RECONOCIMIENTOS

Es difícil saber precisamente cuando o dónde realmente comenzó este libro. El tiempo y lugar más aproximado fue probablemente en Bérgamo, Italia en el invierno entre 1971 y 1972. Yo estaba allí, con mi esposa Thea y nuestras dos niñas, Alyda, entonces con 5 años de edad, y Coleen, entonces con 8 años (¡Esto ha sido un asunto de familia desde el principio!), estudiando educación Montessori en el Centro para Estudios Avanzados Montessori. Mi intuición era que la aproximación a la educación Montessori sería una buena manera de facilitar la formación espiritual. Cuando Sofía Cavalletti vino desde Roma para dar una lectura para el curso en Bérgamo, mi intuición fue confirmada. Ella ya había estado trabajando expandiendo la educación religiosa Montessori con su colega Gianna Gobbi desde 1954. Quiero reconocer a Sofía Cavalletti primero como mentora, y después como colega y amiga.

Secundariamente, quiero reconocer a todos los niños. Thea y yo hemos trabajado con ellos desde que regresamos a Estados Unidos en 1972. Ellos me han desafiado a moverme en diferentes direcciones y a crear muchas – ¡mas de cien! – nuevas lecciones y materiales más allá de aquellas aprendidas de mi mentora. (Cuando hice esto, estaba siendo "un buen niño Montessori", como me llamaba Sofía. También estaba siguiendo el consejo "seguir a los niños" si quería conocer a los niños y como su espiritualidad podría ser alimentada.) Muchos de los niños de las primeras clases en los años 70's están ahora casados y tienen sus propios niños. He tenido el honor de ser el celebrante en muchos de sus matrimonios.

Este trabajo no podría haber sido desarrollado hasta su presente amplitud y profundidad sin la participación de tantos profesores de Jugar Junto a Dios, y especialmente nuestros Entrenadores nacionales, quienes han desafiado, reído, orado y amado su forma de trabajo (juego serio) con niños, padres y otros quienes están comprometidos con Jugar Junto a Dios. Gracias.

El apoyo para este trabajo también vino de Tom Berryman, mi hermano, quién estuvo allí casi desde el principio y es quién ahora dirige la serie de Materiales para Jugar Junto a Dios en Ashland, Kansas. Este es el lugar donde los hermosos y durables materiales de Jugar Junto a Dios son cuidadosamente creados. El agradecimiento va también para Sally Seltzer y el resto de los que Juegan Junto a Dios dentro y en las cercanías de Ashland, incluyendo a otro "Jerome Berryman" que trabaja allí ahora.

Muchos arriesgaron demasiado en la nueva aventura del casi invisible, sin fines de lucro Centro de Teología para la Niñez de Houston. Quiero agradecer especialmente a Tom Blackmon y a Ann McGinty, quienes tomaron ese riesgo. Ann fue la primera Administradora del Centro, y Tom es el Director de Programa y desarrollo. Chris Hotvedt trabajó bastante tiempo y amorosamente sobre muchas versiones de los manuales de las lecciones, los cuales son la base para esta publicación.

El Centro nunca hubiera sobrevivido sus primeros años sin el aporte financiero de muchas fundaciones y personas. Quiero agradecer a la Fundación de la Iglesia Episcopal, especialmente a Bill Anderson, el Director Ejecutivo, y a Ann Ditzler por su apoyo personal.

Un agradecimiento especial también para Trinity Grants. Trinity Grants es guiada por el reverendo James G. Callaway Jr., Diputado por Grants. El Centro para la Teología de la Niñez fue muy afortunado de tener a Courtney V. Cowart, Dr. en Teo. por supervisar, animarnos y mantenernos en el camino de la responsabilidad. Ella ayudó a amar esta pequeña empresa sin fines de lucro en sí misma. El agradecimiento va para todos en Trinity Wall Street, especialmente para el Rector, El Reverendo Daniel Paul Matthews, D.D., quien lidera el ministerio vasto, amoroso, complejo, fiel e inspirador que se lleva a cabo en ese lugar.

Lily Endowment fue también muy importante para el desarrollo del Centro y especialmente este libro. El Capítulo 6 está basado en investigaciones hechas en Roma en el Centro Cavalletti y en la Universidad de Seattle en los archivos E.M. Standing. Además, una segunda beca de investigación apoyó mucho de la investigación teológica sobre la cual el capítulo 7 está basado. Gracias, señoras y señores. Esas becas llegaron en el momento justo para mantener al espíritu creativo en movimiento.

Asimismo, la Escuela de Teología de la Universidad del Sur (Sewanee) proveyó apoyo crítico en el momento correcto. Sus muchas consultas y la gran alegría que pusimos en las dos conferencias nacionales durante el verano ayudaron a este movimiento a crecer y a comenzar a transformarse en una organización. Mi agradecimiento al Diácono Guy F. Lyte y al Diácono Asociado, David C. Moore.

En lo que concierne al equipo del Centro de Programas en Sewanee me gustaría especialmente agradecer a Linda A. Hutton y a Edward de Bari. Ed es el Director del Programa para Educación para el Ministerio (EFM), el cual es un proceso de reflexión teológica para adultos. El inmediatamente vio el vínculo entre el proceso de Jugar Junto a Dios y el Proceso EFM. (De hecho, en Australia algunos llaman a Jugar Junto a Dios "EFM para niños.") David Moore, Linda Hutton y Ed De Bari ayudaron a diseñar nuestro proceso de entrenamiento para adultos. Cualquiera que alguna vez haya trabajado con este maravilloso grupo de seres humanos muy pronto se da cuenta del porque la razón que ellos permanecen tan humanos: es Sarah M. Davis. Ella coordina las muchas actividades del Centro de Programas. ¡Gracias nuevamente, Sarah!

Hay aún una institución más que quiero reconocer como instrumento para la continuación y desarrollo de este trabajo. Es la Catedral de la Iglesia de Cristo en el centro de Houston. Allí fue donde yo serví desde 1984 a 1994 como Educador Canónico. Continuamos sintiendo la ayuda y apoyo de la familia de la Catedral. De hecho, el programa de Jugar Junto a Dios que comenzamos en 1984 allí, continúa floreciendo. Algunos de aquellos maestros que comenzaron en 1984, aún enseñan. Bruce Atkins, abogado, es uno de aquellos maestros. El se volvió especialmente importante para su programa y el Centro, donde el sirvió como un miembro de nuestra junta. En el 2002 las oficinas del Centro se mudaron a la Catedral.

Antes de cerrar esta lista parcial de contribuyentes a este trabajo, quiero contarles una pequeña historia sobre mi asociación y el editor de este trabajo. Cuando comenzamos a movernos en serio con la escritura y la edición, mi amada Thea fue diagnosticada de cáncer. Esto y un número de otras complicaciones personales desviaron casi todas mis energías y atención personal lejos de este proyecto. James Creasey, el Editor, envió a la editora del proyecto, Dina Strong Gluckstern, a Houston por muchos días para ayudar a recompilar el Volumen 1 y sacarlo adelante otra vez. Todo estaba aquí, en la oficina del Centro, pero yo estaba incapacitado para hacerlo. Hay momentos donde todos necesitamos refuerzos y para mí, ese fue uno de esos momentos. A medida que el proyecto avanzaba, comencé a pensar en "Dina" más como "DNA" (juego de palabras en inglés con el nombre y la pronunciación de la sigla DNA – ADN, ácido desoxirribonucleico, la hélice la vida – en inglés di-en-ei.) Vaya también el agradecimiento para todo el equipo de Living the Good News especialmente para Dirk deVries, quien mantuvo al proyecto coordinando y moviéndose sin problemas hasta su finalización. Ha sido cortésmente competente y muy divertido trabajar junto a el.

En un segundo plano de todo esto están los aportes que fueron y vinieron de la familia y los amigos. Nuestras hijas, Alyda y Coleen, ya han crecido y Alyda y Michael Macaluso tienen sus propias tres hijas. Coleen continúa viviendo con nosotros, pintando y siendo una tía de clase mundial. Hay un nuevo perro, Monte, quien también merece mi agradecimiento, y aún recuerdo y agradezco a todas las criaturas que estuvieron antes que el, especialmente Robin y Goat.

INTRODUCCIÓN

Bienvenidos a la *Guía Completa de Jugar Junto a Dios*. En esta serie de libros, no voy a hacer una reivindicación universal, tal como "Todos deberían utilizar Jugar Junto a Dios, y esto es exactamente lo que deberían hacer." Jugar junto a Dios no es algo que todos pueden o deberían hacer. Es solo lo que yo hago. Si yo fuera un pintor, podría decirles solamente como pinto. No es lo mismo decirles como deberían pintar ustedes—o decirles si *deberían* o no pintar.

Aprender el poder y la riqueza de la manera de comunicar la tradición Cristiana es como aprender un arte. Usted tiene que utilizarlo para aprender. Usted necesitará practicar esas lecciones, utilizarlas con los niños, reflexionar sobre ellas y hacer de ellas algo más antes de que sean suyas. Esto es especialmente importante, portando que todo lo podemos enseñar a los niños, es como ingresar en el lenguaje para estar más completos ante la presencia de Dios. ¿Cómo puede usted explicar eso? Usted tiene que demostrarlo. Demostrarlo, no puede ser falso. En términos de aprendizaje como se hace con cualquier otro arte, como la pintura, usted tiene que tomar el pincel, mojarlo en la pintura correcta, y dejar que su mano lo mueva sobre el lienzo.

En la *Guía Completa para Jugar Junto a Dios,* todo lo que quiero hacer es poner sobre por escrito, como hago yo Jugar Junto a Dios, y porque. Yo proveo muchas oportunidades para que usted practique y reflexione sobre este arte. Si ustedes quieren desviarse de esta tradición, esa es su elección. Pero estos volúmenes ofrecen la mejor descripción que puedo dar de mi propia práctica.

Usted puede viajar a través de este volumen, de acuerdo a sus necesidades. Aquí hay un mapa de sus siete capítulos para ayudarlo en su recorrido

En el Capítulo 1, exploraré lo que quiero decir con jugar y describiré una experiencia adulta de Jugar Junto a Dios. También explicaré como formo a maestros, niños e iglesias se benefician de un programa de Jugar Junto a Dios. Los invitaré a reflexionar sobre vuestra propia experiencia de Jugar Junto a Dios y sobre que recursos piensan que podrían necesitar para apoyar su aprendizaje.

En el Capítulo 2, describiré las características únicas de la *historia* como una vía de conocimiento. Ofreceré un ejercicio de narración que les permitirá experimentar por sí mismos el proceso de creación y de compartir una historia, luego describiré los diferentes géneros de presentaciones de Jugar Junto a Dios. Los invitaré a reflexionar sobre su experiencia narrativa, y les proveeré de preguntas que podrán utilizar mientras aprenden muchas clases de lenguaje cristiano como los presentados aquí para Jugar Junto a Dios. Finalmente, discutiré la importancia de la historia y terminaré narrando una historia sobre historias.

En el Capítulo 3, los invitaré a experimentar por sí mismos las cualidades del juego genuino. Exploraremos esas cualidades en mayor profundidad mientras discutimos cual de las dos investigaciones, científica y teológica, ha fallado en proporcionar una definición amplia y generalizada de juego. Contrastaremos las cualidades del juego genuino con las cualidades destructivas del seudo-juego, y examinaremos cuatro juegos de seudo-juego que encontramos en algunas educaciones religiosas. Finalmente, compararemos las cualidades del juego genuino con el lenguaje cristiano y la experiencia de la gracia.

En el Capítulo 4, les presentaré los detalles pragmáticos de un programa de Jugar Junto a Dios y discutiremos como manejar el tiempo, el espacio y las relaciones durante una sesión típica de Jugar Junto a Dios. Encontrará diagramas que le mostraran como colocar los materiales en el salón, una hoja de trabajo para ayudarlo a planificar un programa efectivo para todo el año, una guía clara de las diferentes responsabilidades de los dos instructores en una sesión de Jugar Junto a Dios, notas sobre los materiales artísticos y sugerencias para la utilización de Jugar junto a Dios con niños mayores.

En el Capítulo 5, les presentaré las diferentes maneras en que Jugar junto a Dios ha sido usado en presentaciones diferentes a las de la escuela dominical del domingo. Exploraremos como podemos encontrar a niños en situaciones especiales. Tales como la utilización de Jugar Junto a Dios para el cuidado pastoral en niños hospitalizados. También exploraremos las maneras de utilizar Jugar Junto a Dios fuera de la iglesia, en la casa y en la comunidad. Por último, daremos una mirada al porque es importante que aprendamos a utilizar a Jugar Junto a Dios en marcos diferentes.

En el Capítulo 6, contaré la historia de como yo veo la tradición Montessori de la educación religiosa para los niños. Exploraré desarrollos contemporáneos—lo que yo llamo la cuarta generación—de esa tradición, incluyendo Jugar Junto a Dios y la Catequesis del Buen Pastor. Luego, miraremos hacia atrás para trazar la historia del la educación religiosa Montessori desde la primera generación, presentando el trabajo de la propia Maria Montessori, seguiremos a través de la segunda generación, caracterizada por E. M. Standing, hacia la tercera generación, presentando el trabajo de Sofía Cavalletti.

En el capítulo 7, exploraremos la teología de la niñez entendida por adultos. Explicaré porque necesitamos las perspectivas de esta teología para madurar completamente nosotros mismos. Daremos una mirada a la visión histórica de la niñez, en la teología y en la sociedad, luego compararé y contrastaré esas visiones con la visión de los niños sostenida por Jesús. Consideraremos tres proposiciones de una teología de la niñez que tiene implicaciones para nuestra propia madurez y para Jugar Junto a Dios.

Espero que ustedes encuentren aquí lo que necesitan para compenetrarse con el juego que tiene la mayor recompensa de todos: *Jugar Junto a Dios*.

CAPÍTULO 1
¿QUÉ ES JUGAR JUNTO A DIOS?

EL MUNDO ES UN LUGAR PELIGROSO

Una familia de nuestra iglesia sufrió la pérdida de la madre y de uno de los hijos en un accidente automovilístico. El padre, un hijo y una hija sobrevivieron. El hijo sobreviviente estaba en mi clase de Jugar Junto a Dios el último año. Cuando narré la historia de la Sagrada Familia, pregunté cual era la parte más importante de la historia. El niño, entonces en segundo grado, dijo, "La parte donde usted dijo que el desierto es un lugar peligroso es la más importante porque el mundo es un lugar peligroso. Cosas malas ocurren como accidentes de autos y la gente se vuelve loca por ello, pero ocurren."

Otro niño en la clase me miró y dijo, "Si, su madre y su hermano murieron en un accidente de autos." La mayoría de los otros niños parecía que ya sabían esto y fueron asintiendo con sus cabezas. Yo pensé lo muy importante que era, que los niños pudieran tratar de procesar esta tragedia y hacerse preguntas sobre ella

Cindy Bishop, Entrenadora de Jugar Junto a Dios

UNA INVITACIÓN PARA JUGAR JUNTO A DIOS

Esta es realmente una *invitación* para Jugar Junto a Dios. Yo no puedo hacerlos jugar, porque jugar no funciona de esa manera. Una cualidad esencial de jugar es su libertad: su falta de compulsión. ¿Ustedes quieren jugar? ¿Quieren unirse a *Jugar Junto a Dios*?, si es así, este libro puede ser una manera de comenzar a aceptar esa invitación.

En el Capítulo 3, exploraremos el juego con más detalle, así como también su contraparte, el seudo-juego, y su divina contraparte, la gracia. Por ahora, sin embargo, comenzaré describiendo lo que quiero decir con la palabra *jugar*. Esta descripción en cinco partes, la que yo utilizo más asiduamente, está basada en el libro *Play (Jugar)*[1] de Catherine Garvey:

1. Jugar es placentero, divertido.
2. Jugar no tiene objetivos extrínsecos. Es jugar en sí mismo.
3. Jugar es espontáneo y voluntario. Es elegido libremente por el jugador.
4. Jugar implica un compromiso profundo y activo de parte de los jugadores.
5. Jugar tiene relaciones sistemáticas a cosas que no son jugar tales como creatividad, resolución de problemas, aprendizaje del lenguaje, el desarrollo de roles sociales y un número de otros fenómenos cognoscitivos y sociales.

Así que realmente tiene que ser una invitación para jugar, no una directiva basada en el poder o un argumento desde la autoridad. Para que usted ingrese en Jugar Junto a Dios, debe encontrarlo divertido. Usted debe querer jugar por el propio juego. Usted debe elegir jugar porque usted quiere jugar ese juego. Usted debe estar dispuesto a dejar de lado la miríada de detalles mundanos de la vida diaria e ingresar profundamente en la eternidad del juego.

En Jugar Junto a Dios, se extiende la invitación no para jugar en general sino para jugar con el lenguaje de Dios y del pueblo de Dios; nuestras historias sagradas, las parábolas, las acciones litúrgicas y los silencios. A través de este poderoso lenguaje, a través de nuestros interrogantes, a través de la comunidad de jugadores reunidos juntos, escuchamos la invitación más profunda de todas: una invitación para venir a jugar junto a Dios.

UNA EXPERIENCIA ADULTA DE JUGAR JUNTO A DIOS

Para experimentar Jugar Junto a Dios, usted no necesita pretender ser un niño. En su lugar, puede experimentar por sí mismo, como maestro o como padre, de como funciona o trabaja una lección de Jugar Junto a Dios. Si usted conoce a una iglesia con un programa establecido de Jugar Junto a Dios, pregunte si ofrecen una lección de participación para los padres a la que pueda concurrir. Usted también puede anotarse para un evento de acreditación de maestros, que se ofrecen en todo el país por parte de entrenadores experimentados de Jugar Junto a Dios acreditados a través del Centro para la Teología de la Niñez (Vea Recursos, página 147). Por ahora, sin embargo, los invitaré a una sesión para adultos que podemos imaginar a partir de ahora mismo.

EN EL UMBRAL

Usted se aproxima a la puerta de un salón de clases de Jugar Junto a Dios. Sentado junto a la puerta está una persona agradable e invitadora—la persona que sirve de portero en este salón de clase de Jugar Junto a Dios. Algo ya es diferente: usted no entra en este salón hurgando en sus bolsillos buscando un lápiz o hablando con un compañero. En esta entrada, la gente se detiene y se prepara para entrar.

El portero le sonríe. "Estoy muy contento de que estén aquí. ¿Estás listo?"

Usted piensa por un momento. ¿Estoy listo? Si. Este es el porque usted colocó este tiempo a un lado—para jugar. Para jugar con el lenguaje del pueblo Cristiano. "Si."

El asiente a sus respuestas, y luego, porque ninguno está pretendiendo que esto sea un salón de clases de niños, le hará dos preguntas que los niños generalmente no escuchan en la puerta del salón de Jugar Junto a Dios: "¿Le gustaría sentarse en el suelo o en una silla?" y "¿Tiene usted teléfono celular?"

CONSTRUYENDO EL CÍRCULO

Con los teléfonos celulares apagados, los adultos ingresan al salón. Algunos se sientan en sillas. Otros se sientan como lo hacen los niños en el salón de clases de Jugar Junto a Dios, en un círculo alrededor de la narradora. Ella esta hablando en voz baja y simpáticamente con la gente en el círculo. Una comunidad de Jugar Junto a Dios comienza justo aquí, construyendo el círculo donde cada uno y todos los participantes son calidamente recibidos.

Cuando todos has sido bienvenidos, el círculo está completo. Ahora el narrador dice, "Necesitamos prepararnos para la historia." Ella muestra como hacerlo sentándose silenciosamente, con las piernas cruzadas, y las manos en las rodillas. La conversación se transforma en un silencio lleno de expectación. Ella sonríe y dice, "Miren hacia adonde voy para encontrar esta historia."

PRESENTANDO LA LECCIÓN

El narrador se mueve hacia la caja del desierto—una caja de madera grande, poco profunda con rueditas, llena con arena. La trae hacia el círculo. "Sigan mirando," dice ella y va hacia un estante lleno con hermosos artículos: un soporte de siete tarjetas en madera, un arca con graciosos linos, y un pedazo de una pesada cadena. Toma una cesta y la trae al círculo. Abre la tapa del la cesta y se prepara otra vez. Ahora toda su atención está en la caja del desierto que tiene enfrente. Vuestros propios ojos siguen su enfoque y miran la arena.

"El desierto es un lugar peligroso," dice. Sus manos se mueven suavemente sobre la superficie, alisando y moviendo la arena. "Siempre se está moviendo, así que es muy difícil ubicarnos. Hay muy poca agua, uno siempre esta sediento y puede morir si no encuentra agua. Casi nada crece allí, así que no hay casi nada que comer. En el día es muy caliente y el sol quema nuestra piel. En la noche es frío. Cuando el viento sopla, la arena aguijonea la piel cuando te golpea. La gente viste muchas ropas para protegerse del sol y de la arena. El desierto es un lugar peligroso. La gente no va al desierto a menos que tenga que hacerlo."

Ella hace una pausa. Luego extiende un hilo azul y bloques de madera sobre la arena. Le cuenta como la gente, después del diluvio, se desperdigó hacia las cuatro direcciones de la tierra. Ellos vivían junto a ríos en villas y ciudades. "Una de esas ciudades se llamaba Ur." Ella toca uno de los bloques. "La gente de allí creía que habían muchos dioses. Había un Dios para cada árbol, cada roca, para cada flor. Había un Dios para el cielo, para las nubes, el agua y la tierra. El mundo estaba vivo con dioses."

"Pero había una familia que creía que un solo Dios estaba en todos los lugares. Ellos todavía no lo sabían con seguridad, pero eso era lo que pensaban." Ella coloca dos figuras de madera en la arena y las nombra: *Abram y Sarai*, dos miembros de la familia que pensaba que un solo Dios estaba en todas partes."

"Cuando llegó el momento de mudarse a un nuevo lugar, no estaban seguros de si Dios estaría con ellos en ese nuevo sitio. Así que se preguntaban como sería el nuevo lugar." Ella mueve las figuras lentamente, una a la vez, haciendo pausas la mayoría de las veces, para mantenerlos juntos, en su camino hacia otro bloque. Mientras los mueve, usted puede ver las huellas que ellas dejan en la arena."

Vuestros ojos se enfocan donde sus ojos y manos se enfocan, en las pequeñas figuras moviéndose a través de la arena. Tal vez, usted se sienta un poco impaciente, deseando que ella pudiera tomar las figuras y ponerlas junto a Harán. Tal vez las memorias de otros tiempos y las maneras en que ha escuchado esta historia se agolpen en su mente. Quizás usted sienta un remordimiento, recordando un viaje propio. Solo por el hecho de crecer, cada uno de nosotros ha sabido lo que se siente dejar atrás una situación familiar por una que es al menos una parcialmente desconocida.

"Les tomó mucho, muchísimo tiempo" dice ella. "Finalmente, llegaron a Harán. " La narradora mueve la figura de Abram lejos de Harán, adentrándose en el desierto donde este se acercó mucho a Dios, y Dios se acercó tanto a él, que Abram supo lo que debían hacer.: seguir viajando. El viaje continuó, pasando Harán. Ellos llegaron a Siquem, y Abram rezó. Dios estaba allí. "Así que Abram construyó una altar para marcar el lugar. Ella toma varias piedras de la cesta y hace un altar en la arena.

Ella mueve las figuras lentamente. "*Abram y Sarai* llegaron a Bet-el y Dios estaba también en ese lugar." Ella toma nuevas piedras de la cesta y construye otro altar. "Finalmente llegaron a Hebron y construyeron su hogar. Y allí Dios cambió sus nombres: ellos serían llamados Abraham y Sara. Dios les promete que aunque ellos ya son ancianos, ellos tendrán un hijo. Abraham se ríe. ¡El y Sara son muy viejos!"

La narradora se relaja, pero mantiene su mirada sobre las figuras mientras cuenta como tres extraños salieron un día del desierto y prometieron nuevamente que Abraham y Sara iban a tener un bebé. Ambos, Abraham y Sara rieron, ¿pero ustedes saben que ocurrió? pregunta la narradora con su voz cálida con gracia. "Ellos tuvieron un hijo. Y rieron nuevamente, así que nombraron al bebé Risa, como dios les dijo que hicieran. En su lengua la palabra para *risa* es *Isaac*."

La narradora hace una pausa, y luego su voz se torna más misteriosa mientras cuenta como murió Sara y como Abraham envió a su ayudante más confiable para encontrar una esposa para Isaac. "El ayudante encontró a Rebeca, 'tan valiente como amable'. El ayudante le cuenta a ella acerca de Abraham, Sara e Isaac. Y Rebeca hace el viaje de regreso para unirse a la gran familia."

Una vez más la narradora mueve las figuras en el viaje, otra vez viajando por el camino hecho por Abraham y Sara. Ella trae la figura de Rebeca todo el camino hacia donde las figuras de Abraham e Isaac están esperando. Ella hace una pausa. "Luego Isaac y Rebeca tienen hijos, y sus hijos tienen hijos, y esos hijos a su vez tienen otros hijos. Y así fue por miles y miles de años hasta que sus abuelos y abuelos tuvieron hijos. Luego vuestros padres y madres tuvieron hijos."

Ella toma arena con su mano, y la deja escurrirse entre ella. "Ahora ustedes son parte de esa gran familia la cual se ha transformado en tantos como estrellas hay en el cielo y granos de arena que hay en el desierto." Ella esta tan en silencio que usted casi puede oír el rápido latido de su propio corazón con el pensamiento de en esa familia de la cual, usted también, es parte.

PREGUNTAS

La narradora se vuelve a sentar. Ahora, por último, ella levanta su mirada y mira a los ojos de aquellos sentados en el círculo mientras pregunta, "Me pregunto, ¿qué parte de esta historia les gustó más?" Ella alarga las palabras, su voz cuidadosa e invitadora. Hay un silencio casi eléctrico con expectación. Luego una mujer responde, "me gustó la parte donde construyen altares, porque Dios también estaba en Siquem y Bet-el."

La narradora escucha. Luego toca los dos altares de piedra en la caja del desierto. "Altares... porque Dios estaba también en esos lugares. Su toque es deliberado, casi reverencial.

Ella mira hacia arriba nuevamente. Esta vez el hombre sentado a su lado habla. "A mi me gustó la parte donde ellos nombran al bebé *Risa*." La narradora amplía su sonrisa y toca la figura de Isaac. "Ellos rieron otra vez, y nombraron a su hijo *Risa*," repite.

Otras dos personas nombran sus partes favoritas de la historia, luego se establece un cómodo silencio otra vez. Ahora el narrador pregunta, "Me pregunto, ¿qué parte de esta historia es la más importante?"

La primera persona en responder esta pregunta habla de forma más lenta, como si estuviera procesando la misma mientras habla. "Yo pienso... que es la parte acerca de que todos nosotros también somos parte de esa gran familia." La narradora asiente lentamente. Ella deja que arena se escurra entre sus manos nuevamente mientras dice, "tantos como estrellas hay en el cielo y granos de arena que hay en el desierto."

Otros nombran la parte donde la familia se da cuenta de que Dios está en todas partes, o cuando la familia se muda a un nuevo hogar pero permanece unida.

La narradora afirma cada respuesta u luego espera un momento antes de hacer su nueva pregunta, "Me pregunto, ¿donde están ustedes en esta historia o qué parte de la historia es acerca de ustedes?"

Una mujer arrugando su nariz dice: "Yo pienso que la parte donde Sara rió, porque ella pensaba que la promesa de Dios *no se podía* hacer realidad es acerca de mi. ¡A veces Dios parece ser demasiado bueno para ser verdad!

Hay una sonrisa silenciosa de muchos participantes, pero por supuesto, no una risa que ridiculice a la mujer. Esta risa es una afirmación alegre de sus palabras, el tipo de risa que dice: "Si, yo también lo siento de esa manera." La narradora toca la figura de Sara y como eco repite, "Y Sara rió."

Un hombre anciano dice que la parte de la historia donde Rebeca decide unirse a la gran familia, se refiere a él. La narradora afirma su palabra mientras toca la figura de Rebeca.

Finalmente la narradora pregunta, Me pregunto ¿si hay alguna parte de la historia que podríamos sacar y aún tener la historia que necesitamos?

Las personas están silenciosas mientras piensan sobre esto. Tal vez usted piensa que algunos detalles de lo que siente no son importantes: los nombres de las ciudades de las cuales ellos provenían, o en la manera en que Dios cambia los nombres de *Abram y Sarai* a *Abraham y Sara*. Algunos escuchas ofrecen respuestas tentativas. Una mujer declara que ella piensa que ninguna parte se puede dejar de lado.

La narradora escucha respetuosamente *cada* respuesta. Ella repite su accionar, toca las figuras en la arena para ilustrarlo, pero nunca dice que una respuesta es buena o equivocada. Ella simplemente escucha y acepta las respuestas.

RESPUESTA

Finalmente las respuestas se hunden en el silencio. Ella los invita a observar nuevamente mientras ella guarda la lección, así ustedes sabrán donde encontrarla. Les pregunta que piensen acerca de que trabajo les gustaría hacer en respuesta a la lección. Les muestra donde están esperándolos los materiales artísticos.

Una mujer elige trabajar con la caja del desierto, y muy pronto está sentada en el suelo, tendida junto a la caja, concentrada en mover las figuras por ella misma. Un hombre dice que el quiere pintar y camina hacia donde el portero que lo ayuda a obtener una bandeja, un pincel, un juego de pinturas y un papel. Tal vez usted elija trabajar con lápices de cera. Toma los tres colores que quiere, y los pone en un tablero de dibujo con una hoja de papel.

Usted encuentra un lugar en el salón para trabajar, y algo le llama la atención acerca de la manera en que la gente se mueve en silencio. Usted ha estado en clases o grupos para adultos donde tan pronto como el presentador termina de hablar, los escuchas comienzan a charlar entre ellos. Esto no es lo que aquí ocurre. Todos han sido envueltos por la historia y las preguntas. Ahora ese envolvimiento absorbente continúa mientras las personas, una por una, dicen que respuesta eligieron para hacer y silenciosamente se dirigen a buscar los materiales que necesitarán. Por al menos un cuarto de hora, la gente trabaja en sus respuestas. Algunas personas hacen más de una ilustración. Una persona ha sacado una Biblia y está leyendo silenciosamente la historia de Abraham y Sara. Otra persona está escribiendo y haciendo un pequeño libro de papel doblado.

LA COMIDA

La narradora apaga las luces del salón: una señal silenciosa para todos. Ella espera un momento, hasta que los ojos están sobre ella, y entonces dice: "Es tiempo de guardar nuestro trabajo y reunirnos nuevamente en el círculo. No hay necesidad de apresurarse. Tenemos todo el tiempo que necesitamos. Cuando vuestro trabajo esté guardado, vengan al círculo, y nos prepararemos para nuestra comida." Luego ella enciende las luces nuevamente. Usted devuelve sus lápices de cera y el tablero de dibujo, mientras los otros guardan pinturas y materiales de la historia. El círculo se forma otra vez, y la narradora modela para nosotros como prepararnos para la fiesta, sentándose con sus piernas cruzadas, y manos cruzadas.

Un servidor extiende una servilleta enfrente de usted. Otro, deja sobre ella muchas galletas, y un tercero le sirve un vaso de jugo. La narradora anima a todos a esperar a que todos estén servidos, así podremos decir una plegaria antes de compartir la comida.

La narradora mira alrededor del círculo. "Ha sido un gran placer estar aquí con ustedes en el día de hoy. A veces, el estar reunidos nos hace tan felices, que lo único que queremos es rezar. Ustedes pueden querer rezar en voz alta, o para ustedes mismos en voz baja. Pueden querer rezar palabras que ustedes conocen, o palabras que salgan de ustedes. Puede que no quieren decir una plegaria, y eso también está bien. Si ustedes dicen una plegaria en silencio digan, 'Amén,' al final, y en voz alta, así sabremos que vuestro momento de oración ha finalizado."

Ella mira a cada persona en el círculo por turnos. Algunos rápidamente dicen "Amén." Algunos rezan antiguas plegarias favoritas, y otros simplemente dicen palabras como, "Gracias Dios, por este momento que acabamos de compartir." Cuando la narradora ha dicho su "Amén," comienzan a compartir la comida. ¿Solo galletas y jugo? No. Algo más está aquí: Comunidad. Gratitud. Presencia. Dios.

DESPIDIÉNDONOS

Cuando la comida ha terminado, y usted ha tirado sus desperdicios en el cesto de la basura, la narradora llama una vez más a la atención del grupo. "Es tiempo de despedirnos." Una por una, las personas se acercan a la narradora y ella sostiene sus dos manos hacia adelante. La mayoría de esos adultos toman sus manos, pero otros se inclinan y la abrazan. Con cada persona, ella lo mira a los ojos sonríe calidamente y dice una silenciosa despedida. "Fue un placer haberte tenido aquí con nosotros. Gracias por haber venido."

REFLEXIONANDO:
UNA EXPERIENCIA ADULTA DE JUGAR JUNTO A DIOS

Aquí es donde una lección para niños de Jugar Junto a Dios, esta despedida, envía a los niños a la puerta para reunirse con sus padres. En una lección para adultos, en cambio, se deja tiempo para que los adultos reflexionen sobre la experiencia que acaban de compartir. Usted, también puede tomar algo de tiempo ahora, para reflexionar sobre esta experiencia de lectura de una lección de Jugar Junto a Dios:
- ¿Qué parte de la lección le gustó más?

- ¿Qué parte de la lección es la más importante?

- ¿Qué fue para usted lo más real de la lección? ¿Qué le mostró algo especial acerca de usted?

- ¿Hay alguna parte de la sesión que podemos dejar de lado y aún quede toda la experiencia que necesitamos?

JUGAR JUNTO A DIOS PARA LOS NIÑOS Y LOS MAESTROS

Usted todavía puede preguntarse: ¿Cuáles son los beneficios de Jugar Junto a Dios, para mi enseñanza? ¿Cuáles son para los niños de mi iglesia? ¿Y para los maestros de nuestra iglesia? Jugar junto a Dios es una aproximación distinta al ministerio Cristiano con los niños, innovador y profundamente arraigado en nuestra tradición espiritual:

- Jugar Junto a Dios nos ayuda a sacralizar nuevamente las cosas mundanas de todos los días, tales como el pan, el vino, las velas, el aceite, las vestimentas especiales y las cenizas. Jugar Junto a Dios nos re-enseña una visión sacramental del mundo en una sociedad que es mayoritariamente utilitaria y materialista.
- Jugar Junto a Dios enseña a adultos y niños que ser tranquilo y prudente acerca de su trabajo puede ser tan satisfactorio como ser ruidoso, preocupado, agresivo, y lleva este mensaje contra-cultural en una manera reconfortante y consistente.
- Jugar Junto a Dios nos provee de materiales sensoriales para trabajar dentro de un ambiente seguro y estimulante. En esta manera, Jugar Junto a Dios combina e integra las dos puertas de entrada primaria al conocimiento para el lenguaje de los niños pequeños (el sistema verbal) y el Juego (el sistema no verbal).

- Jugar Junto a Dios no es un método de enseñanza y aprendizaje de memorización o transferencia. Es un método de descubrimiento que se ocupa del niño por completo—manos, corazón mente, sentidos, intuición. Esta es la mejor manera para los niños (¡y adultos!) de interiorizar lo que esta siéndole enseñado.
- Jugar Junto a Dios utiliza actividades manuales, pero las utiliza de manera diferente a la mayoría de los sistemas. En vez de tener a los niños creando algo pre-empaquetado, cada niño crea una respuesta expresiva de lo que individualmente piensa y siente después de recibir la parábola o la historia sagrada en el marco de un grupo. Los niños tienen la oportunidad de ingresar en la historia, preguntándose acerca de ella y *luego* creando significado para su propia vivencia.
- Jugar Junto a Dios respeta las muchas demandas hechas sobre el tiempo de los maestros. Como no le es en muchos sistemas, en el cual un maestro debe planificar nuevas actividades y reunir materiales nuevos cada semana, un salón de clases de Jugar Junto a Dios mantiene un montaje y rutina estable de semana a semana. Los maestros pueden centrar su atención en ingresar profundamente dentro de la historia de esa semana y responder con presencia completa a la comunidad de niños quienes se han reunido allí.
- Jugar Junto a Dios enseña confianza en un Dios gracioso que es real y accesible en todos los misterios de la vida, ambos, tristes y alegres—en vez de la dependencia sobre la "magia" transitoria que viene con la última película, juguete o video juego.
- Jugar Junto a Dios enseña a los niños a respetar las cosas y las personas con las que trabajan, y a disfrutar a cada uno con cuidado y paciencia.
- Jugar Junto a Dios enseña el ritmo clásico para vivir modelado en la Biblia; la alternancia de acción y reflexión, el compromiso y la oración. Jugar Junto a Dios enseña a aquellos que enseñan y a los que aprenden a construir una regla (o manera) de vida espiritual.
- Jugar Junto a Dios enseña bondad y mutualismo a través de sus rituales y por la forma de organización de su espacio físico, los objetos y la comunidad de los niños. Una comunidad de Jugar Junto a Dios expresa la ética bíblica de como la gente debe vivir junta.
- Jugar Junto a Dios ofrece una versión contemporánea y accesible para los niños de la antigua práctica espiritual de *lectio divina*: lectura sagrada, preguntas y respuestas a las historias sagradas de la Biblia. En lugar de analizar la palabra de dios, los niños meditan en una manera artística y con sinestesia. *Jugar Junto a Dios* ayuda a los niños a conocer a Dios y a la *Biblia* en vez del simple saber *acerca* de Dios o *acerca* de la Biblia.
- Jugar Junto a Dios enseña que todo en la creación de Dios esta cargado con la posibilidad de la santidad, incluyendo a cada uno de nosotros, y que estamos en relación con todo en la creación. No hay sagrado versus lo profano; todo el suelo es suelo santo.
- Jugar Junto a Dios enseña que hay un tiempo *kairos* (tiempo significativo) así como también un tiempo chronos (tiempo cronológico o de reloj). El tiempo *kairos* no es concerniente con saber que es el tiempo. En su lugar, Jugar Junto a Dios nos da tiempo para ver a Dios en el centro de la vida diaria y para reflexionar en que tiempo es.

REFLEXIONANDO: YENDO MÁS PROFUNDO DENTRO DE JUGAR JUNTO A DIOS

Si usted quiere probar estas posibilidades y otras acerca de Jugar Junto a Dios, usted tiene muchos recursos disponibles para apoyarlo en su viaje. Este manual *(Volumen 1)* le dará una introducción a Jugar Junto a Dios en una variedad de entornos, mientras en los *Volúmenes del 2 al 4* le darán las notas que necesita para cada presentación de Jugar Junto a Dios. Usted puede encontrar también vínculos hacia la comunidad de maestros y entrenadores de Jugar Junto a Dios, así como también las teorías e investigaciones pertinentes utilizando los recursos en el Apéndice (página 147).

Usted puede hacer una pausa y reflexionar acerca de donde se encuentra en su viaje, y como Jugar Junto a Dios puede apoyar esa jornada. Aquí hay algunas preguntas acerca de usted y Jugar Junto a Dios:

- ¿Me pregunto qué me gusta más acerca de Jugar Junto a Dios?

- ¿Me pregunto que parte de Jugar Junto a Dios podría ser la más importante?

- ¿Me pregunto si hay algo en mi vida que responda especialmente a Jugar Junto a Dios? ¿Qué hay en Jugar Junto a Dios que es especialmente para mí?

- ¿Me pregunto si hay alguna parte de Jugar Junto a Dios que pudiera dejar de lado y aún tener todo en Jugar Junto a Dios que necesito?

CAPÍTULO 2
USTED ES UN NARRADOR

ENCUENTRE SU PROPIO CAMINO

Un domingo, cuando estaba enseñando mi clase de cuarto grado, la historia terminó y comenzaron las preguntas. Después de algo de silencio, levanté mi vista hacia los niños y estaba a punto de hacer otra pregunta. Mientras comenzaba a hablar, uno de los niños dijo: "¡O no! ¡Aquí viene otra pregunta!"

Otro dijo, "¿Cómo es que usted siempre dice, me pregunto?"

Antes que yo pudiera decir algo, alguien dijo, "¿Eso es porque ella tampoco sabe la respuesta?"

En este punto yo no era parte de la conversación mientras otro niño dijo, "No, eso no es así. Ella quiere que nosotros encontremos nuestro propio camino."

El círculo cayó en silencio. Es asombroso como la enseñanza ocurre sin el maestro...

—Nancy St. John, Entrenadora de Jugar Junto a Dios

HISTORIA

Las historias son una de las formas más antiguas y elementales de conocimiento. En el Oeste, comenzando en el siglo XVII, las historias como manera de conocimiento fueron eclipsadas por la técnica de conocimiento que nosotros llamamos ciencia. Después del surgimiento de la ciencia, las historias vinieron a considerarse como inferiores o premodernas, de alguna manera, retrógradas. Las historias se ajustaban solamente para los niños, los analfabetos e incultos.

Cada cambio epistemológico deja atrás una forma de conocimiento que es menos útil que la nueva visión. La idea de que una forma de conocimiento debe ser dejada atrás ha sido desacreditada en nuestro tiempo. Nuestra tesis es que esa historia no es un adorno, no es un ornamento, una ilustración, no es una diversión, ni un entretenimiento y ciertamente no es retrógrada. En su lugar, es una forma única de conocimiento, tan válida como la ciencia aunque completamente diferente en su utilidad.

Dos formas principales de utilizar historias fueron descritas por Jean LeClerq en su descripción de las diferencias entre utilizaciones monásticas y escolásticas de la escritura en el siglo XII.2 El enfoque monástico, conocido como *lectio divina*, o lectura sagrada, enfatizó el acto de la lectura como un acto de meditación y plegaria. El lector viene al texto a buscar una comprensión intuitiva, para crecer en sabiduría, para saborear el valor estético de la palabra, y por último, para encontrar a Dios. Ésta aproximación monástica a las historias es similar a la manera que comenzamos en Jugar Junto a Dios.

El enfoque escolástico, por otro lado, enfatiza el acto de la lectura como un acto de cuestionamiento y prueba. El lector llega al texto para buscar comprensión lógica, para crecer en conocimiento y para analizar el texto escrito en busca de ideas y teorías. Este proceso también es de enorme valor—pero de menos relevancia si nuestro objetivo es crecer en la relación con Dios.

Aún así, mientras los niños se acercan a su adolescencia, este enfoque más analítico se desarrolla en Jugar Junto a Dios, también, para agudizar el pensamiento crítico de los niños. Muchas veces esas técnicas se desarrollan sin un conocimiento previo o base profunda en el enfoque monástico, el cual se basa sobre una apropiación de la tradición oral, conocida con el cuerpo. En Jugar Junto a Dios, vemos las integraciones y la utilización apropiada de estas dos formas de conocimiento en cada presentación.

UNA EXPERIENCIA NARRATIVA

En el corazón de la mayoría de las sesiones de Jugar Junto a Dios está el narrar una historia: una narrativa extraída de las historias sagradas, una parábola o la exhibición de los símbolos y acciones de un acto litúrgico. A veces esto parece desalentador para un maestro nuevo de Jugar Junto a Dios, pero usted ya sabe como contar historias. Pruébeselo a usted mismo con este simple ejercicio.

HACIENDO UNA CAJA OBJETO

Haga una caja objeto acerca de su propia vida! (Vea la página 72 para información sobre como se utilizan las cajas objeto en Jugar Junto a Dios.) ¡Primero, vamos a conocer al sujeto de su historia: usted! Tome algunas notas sobre estas preguntas:

- ¿Qué era importante para mí cuando tenía menos de cinco años? ¿Cuándo tenía entre cinco y diez años? ¿Cuando tenía entre diez y quince años? Anote unas pocas notas para cada intervalo de cinco años hasta alcanzar su edad actual. No piense que tiene que hacer una lista de lo que otras personas le dirían que fue lo más importante de ese tiempo: que se graduó del colegio o que obtuvo su primer trabajo. En su lugar piense sobre que es lo importante para usted.
- Señale con un círculo de seis a doce de esas notas, aquellas que parezcan que le hablan más claramente acerca de usted. Tal vez, aprendió a tocar guitarra cuando tenía once años de edad, y usted aún adora utilizar su tiempo libre cada semana punteando canciones en las cuerdas. Tal vez se mudó a un nuevo lugar cuando estaba en sus veintes, y nunca aprendió a que le gustara. Otra vez, no se preocupe sobre que eventos otros podrían pensar que deberían ser más importantes, y no trate de hacerlos a todos "positivos". Elija los recuerdos y memorias que lo hayan conmovido profundamente.
- Ahora trate de elegir objetos que simbolicen esos momentos para usted, en una manera total y significativa. Puede hasta visitar una tienda de manualidades o artesanías que tenga

miniaturas si usted piensa que necesita una pequeña guitarra para colocar en su caja objeto. (En cambio, usted puede preferir una elección especial o un fragmento de una partitura de una canción que a usted le gusta.) Elija un elemento para cada una de las historias que quiere contar. Ponga sus objetos dentro de una linda caja o cesta que también atrape el espíritu que conozca que sea el más sagrado y real para usted.

- Usted también puede elegir un tapete para su historia, eligiendo un color que sea atractivo para usted. Una persona puede elegir azul porque el azul le recuerda a María, la madre de Jesús y su propio anhelo espiritual de su vida entera. Otra persona puede elegir el azul porque este color le recuerda al cielo o al agua azul, y en como ella se ha sentido siempre como si estuviera al aire libre. Encuentre un paño en el color que ha elegido que sea suficientemente largo para contener, en orden, cada uno de los objetos que haya elegido. Enrolle su paño o colóquelo en la caja o cesta.

NARRANDO SU HISTORIA

Ahora está listo para narrar su historia, sea a usted mismo o a otros. Desenrolle el paño unas pulgadas, disfrutando del color que ha elegido para su historia. Coloque el primer objeto sobre el tapete y cuente acerca de la historia que el objeto representa. Tómese su tiempo. Escuche su propia historia, aún si se la está contando a alguien más. Continúe con cada uno de los objetos, desenrollando el rollo de pergamino de su vida mientras avanza, hasta haber contado su historia.

REFLEXIONANDO: UNA EXPERIENCIA NARRATIVA

- ¿Me pregunto qué me gusta más acerca de Jugar Junto a Dios?

- ¿Me pregunto que parte de Jugar Junto a Dios podría ser la más importante?

- ¿Como describiría las cosas que eligio como importantes? ¿Puede usted nombrar cualquier tema que vincule o conecte los objetos que seleccionó?

- ¿Cómo narraría su historia de una forma diferente de la manera en que alguien más en su vida pudiera contar su historia, por ejemplo, un padre, compañero, niño o amigo de mucho tiempo?

HISTORIAS DE JUGAR JUNTO A DIOS
EL PROCESO DE JUGAR JUNTO A DIOS

Cuado usted haya hecho, contado y reflexionado sobre la historia de una caja objeto de su vida, habrá experimentado el proceso subyacente en una lección de Jugar Junto a Dios. ¿Usted narró cada evento en su vida? No. Eso le llevaría tanto tiempo como su vida misma. Cuando narro una historia de Jugar Junto a Dios, elijo cuidadosamente cuales detalles de la historia voy a compartir. En la narración de Las Diez Mejores Maneras para Vivir *(La Guía Completa para Jugar Junto a Dios, Volumen 2),* la historia de los Diez Mandamientos, no me centro en el incidente con el becerro de oro. El corazón de la historia de los Diez Mandamientos es lo que yo quiero comunicar: Dios ayudó al Pueblo de Dios dándoles las Diez Mejores Maneras para Vivir.

¿Necesitó tomar notas? No. Los objetos en sí mismos le trajeron a la mente los eventos de su vida que usted quería compartir. Cuando narro una historia de Jugar Junto a Dios, no leo la historia, ni siquiera la memorizo. *La cuento*, la narro, desde el corazón. Entro en la historia con toda la presencia y atención. Puedo anticiparme, sabiendo que en cada momento que cuento esta historia, descubriré algo nuevo. Así como usted puede contar su propia historia de forma diferente cada vez, haga lo mismo con las historias de Jugar Junto a Dios. Nuestras experiencias de vida diferentes, nuestras etapas de desarrollo diferentes y también nuestras diferentes personalidades significan que nosotros narraremos las historias de Jugar Junto a Dios de una manera única.

¿Se sorprendió a sí mismo con las conexiones que encontró en sus objetos? Cuando narro una historia de Jugar Junto a Dios, abro mis oídos, no solamente mi boca. Escucho las conexiones y temas que vienen a la vida cuando comparto las historias del Pueblo de Dios. A través de los años, muchas frases han encontrado su camino dentro de muchas historias de Jugar Junto a Dios:

- El desierto es un lugar peligroso
- Ellos estaban en el mismo viaje que nosotros.
- Hubo alguien que dijo cosas tan maravillosas he hizo tantas cosas asombrosas que la gente lo siguió.

Nosotros experimentamos esas conexiones y temas de muchas maneras, pero tal vez con una fuerza especial en tres temas alrededor de los cuales yo he organizado las presentaciones de Jugar Junto a Dios: historias sagradas, parábolas y acciones litúrgicas.

LAS HISTORIAS SAGRADAS

Las historias sagradas estimulan nuestro sentido de *unidad* Cristiana, mientras, al mismo tiempo, proporcionan materia prima para el desarrollo de un sentido coherente y maduro de identidad Cristiana. En las historias sagradas, narramos la historia del Pueblo de Dios para invitar a los niños a transformarse, ellos mismos, en parte de esa historia. La historia de Dios y del Pueblo de Dios es muy parecida a la historia de un juego favorito de los niños: las escondidas. Dios invita a la gente a relacionarse, quienes responden tratando de conectarse con lo que ellos experimentan como una Presencia Elusiva. Ambas palabras en la frase son significativas. No podemos capturar por completo nuestra experiencia de Dios en cualquier historia o rito—aún si la presencia de Dios es la que nos invita a seguir infinitamente cada vislumbre que encontremos. La mera existencia del juego nos indica la existencia del Jugador divino. Este juego se juega por el placer de jugarlo y no para ganar o perder, lo cual terminaría con el juego. Mientras nosotros buscamos y encontramos podemos resumir nuestra historia con la palabra, ¡Aja! ¡Otro vistazo!

Las historias sagradas de Jugar Junto a Dios van desde la historia de la Creación hasta las historias de Cristo y la Iglesia. Una lección de síntesis para las historias sagradas es la historia de los Libros de la Biblia *(La Guía Completa para Jugar Junto a Dios, Volumen 2)*. La lección primaria de síntesis es la historia de la Trinidad *(La Guía Completa para Jugar Junto a Dios, Volumen 4)*.

LAS PARÁBOLAS

Las parábolas estimulan nuestro sentido de la *creatividad*. En las parábolas, ingresamos con interrogantes para vivir el cuestionamiento. Las parábolas cuestionan nuestra visión de la vida diaria. Nos despiertan para que veamos en la vida lo que no hemos visto hasta entonces. Las parábolas cuestionan el status quo, el orden impuesto por la tradición, el poder o las clases. Es por eso que las parábolas a menudo le trajeron problemas a Jesús, y el porque los Cristianos desde entonces algunas veces hemos redefinido las parábolas en maneras en que nos reconforten en vez de desafiarnos, trastornando nuestra visión cómoda del mundo. Nosotros podemos resumir la calidad asombrosa de las parábolas con una carcajada: "¡Ja, Ja, Ja! Las parábolas de Jesús pueden hacernos reír mientras ponen de cabeza nuestra aceptada visión del mundo.

Las *parábolas* de Jugar Junto a Dios incluyen seis parábolas guías así como también *parábolas* sobre parábolas. Las historias de parábolas para los niños mayores también incluyen tarjetas de parábolas, las tarjetas "Yo Soy" y juegos de parábolas que los invitan a jugar de manera más profunda con el lenguaje de esas lecciones tan valiosas.

LAS ACCIONES LITÚRGICAS

Las acciones litúrgicas estimulan nuestro sentido de integración de la identidad (dada a través de las historias sagradas), del proceso creativo (dado a través de las parábolas), y de la presencia tácita de Dios (dada a través del silencio). En las acciones litúrgicas, marcamos vida, tiempo y espacio, así los niños pueden conocer lo Sagrado. Como en las grandes acciones litúrgicas de toda la Iglesia, las acciones litúrgicas de Jugar Junto a Dios evocan la apreciación estética sincera de "Aaaaa..."

Las lecciones de Jugar Junto a Dios no son la liturgia en sí misma. Ni las lecciones de Jugar Junto a Dios son simplemente hablar sobre la liturgia. Ese tipo de enfoque escolástico no invitará a los niños a entrar profundamente dentro de la experiencia ofrecida. En su lugar, las acciones litúrgicas de Jugar Junto a Dios presentan un tipo de lección de lenguaje. Los niños pueden aprender el lenguaje de la liturgia y tener un lugar apropiado ellos mismos, así pueden entrar de manera más profunda en la experiencia de la liturgia en su propia iglesia.

Las lecciones de acciones litúrgicas son las lecciones que especialmente necesitan más adaptación a la práctica de su propia iglesia. Las lecciones elegidas y los símbolos utilizados para comunicar aquellos actos de culto necesitan reflejar la práctica real de su iglesia. Por ejemplo, muchas iglesias utilizan tres velas púrpuras y una rosada en una corona de Adviento. Si su iglesia utiliza cuatro velas púrpuras o azules, usted querrá que los materiales reflejen eso.

LA PRÁCTICA

Elija una o dos historias a un tiempo de cada uno de los tres géneros presentados: Historias sagradas, parábolas y acciones litúrgicas. Aprenda como narrar la historia, haciéndolo por usted mismo o trabajando con otros.

Una manera especialmente útil para practicar esas historias es trabajar en tríos, es el método de práctica utilizado en los eventos de acreditación de maestros de Jugar Junto a Dios. En este tipo de tríos, una persona toma el rol del narrador, otra de las personas toma el rol del escucha y la tercera toma el rol del observador. El narrador dirige su atención sobre la historia (durante la presentación) y luego hacia el escucha (durante las preguntas). El escucha ingresa de la manera más profunda posible en la experiencia de la historia como un escucha. Solo el observador mantiene el texto de la historia a mano y mira a ambos; al narrador y al escucha, tomando notas en orden de brindar una devolución positiva al final de la presentación. Al final de la práctica, el observador puede primero utilizar las preguntas que están más abajo para ayudar al narrador a reflexionar sobre su experiencia. Luego ambos, observador y escucha, pueden ofrecer una devolución que enfatice que apreciaron más en la presentación del narrador.

REFLEXIONANDO: LAS PRESENTACIONES DE JUGAR JUNTO A DIOS

Ya sea trabajando solo o con otros, utilice estas preguntas para reflexionar sobre su experiencia:

- ¿Dónde se encontró a sí mismo en la historia? ¿Qué parte de la historia fue sobre usted?

- ¿Qué fue difícil para usted en la historia?

- ¿Qué podría decir o hacer de manera diferente la próxima vez que narre esta historia?

- ¿Tiene preguntas sobre esto?

- ¿En qué fue diferente esta presentación de la presentación de una historia sagrada (o de una parábola o de una acción litúrgica)?

- ¿En qué fueron diferentes las preguntas que siguieron a esta presentación de las... preguntas después de una historia sagrada (o de una parábola o de una acción....... litúrgica)?

- ¿Qué vio, escuchó o experimentó que le podría ayudar la próxima vez que usted presente una historia sagrada (o una parábola o una acción litúrgica)?

- ¿Qué más le gustaría saber sobre la presentación de una historia sagrada (o una parábola o una acción litúrgica)?

LA IMPORTANCIA DE LAS HISTORIAS

Los niños adoran escuchar y contar historias, un medio natural de la comunicación en la niñez. (Otra forma natural de comunicación es el juego, el tema del Capítulo 3.) Las historias son donde todos nosotros, adultos y niños juntos, encontramos nuestra identidad, nuestra familia. Las historias son donde nosotros desafiamos los mensajes capitales de los todopoderosos, sean la avaricia y el exceso de trabajo o la pobreza y la impotencia, que pueden robar de nuestras vidas las relaciones y el significado. Las historias son donde nosotros integramos la experiencia de nuestra vida dentro de poderosos actos de reconocimiento, celebración y significado mientras hacemos nuestro camino a través del tiempo y el espacio.

A través de las historias invitamos a otro a dar significado a nuestro mundo y finalmente a nuestras vidas. En una investigación realizada en Houston, un factor común encontrado en jóvenes en riesgo fue que ellos no tenían historias. El compartir historias y el ingresar completamente en las historias que compartimos es también una manera en la que aprendemos a madurar genuinamente. Si un adulto no puede jugar, o no puede ingresar en Jugar Junto a Dios, ese adulto tampoco puede invitar a los niños a jugar.

Pero ser portadores de historias es transformarse en portadores de sabiduría, portadores de *Dios*, como María en sí misma. Los ancianos de una comunidad narran sus historias y los niños encuentran significado en esas historias y relaciones con esos ancianos. Quizás la mejor manera de resumir las muchas posibilidades y limitaciones de la narrativa y el lenguaje en sí mismos es contar una historia. Escuchen...

ACECHANDO A LA HISTORIA SALVAJE

Una vez hace mucho tiempo...
Hace mucho tiempo y muy, muy lejos...
Había una vez...
En el pueblo de...
Cuando vuestra madre era una niña pequeña...
Cierto hombre...
En la primavera, cuando los reyes van a la guerra...
A mitad del viaje de su vida...
Fue el mejor de los tiempos y el peor de los tiempos...
En el comienzo...

Comprobamos nuestro equipamiento otra vez en el borde del territorio. Estaba claro que nuestros pertrechos de caza eran bastante voluminosos. Eran para cazar historias domesticadas. Esta salida de caza fue para una salvaje.

Cuidadosamente colocamos nuestro microscopio literario en una tienda de campaña extra. Protegerá lo que decidamos no llevar. Las definiciones también se colocaron allí. Ellas son también muy estrechas. Cada explicación fue luego sacada de nuestras mochilas y dejada atrás. Se podrían transformar en historias con el paso del tiempo, pero solamente sobre historias explicadas y de reglas, no sobre lo salvaje y sin reglas.

"¿Necesitamos esos casos de Freud?" alguien preguntó. Ellos muestran como las historias esconden historias, ¿pero puede reprimir historias de ser salvaje? Dudas sobre historias dubitativas nos hicieron remover los casos junto con muchas cajas de jerga. Tales trampas de palabras podrían solamente generalizar y perder cualquier estado salvaje que pudiéramos encontrar.

La pila de pertrechos de caza descartados creció. Antiguas imágenes, cuchillos sustantivos, tijeras silábicas y otros instrumentos para hacer distinciones agudas fueron añadidos. Queríamos una historia viva, no una cortada en pedazos como el "autor real", el "autor virtual", "el comentario explícito", "el comentario implícito", "el lector actual", "el lector virtual", etc.

Al conseguir librarnos de nuestro equipo extraño refrescamos nuestro espíritu, pero después de un momento la preocupación reapareció. Estábamos parados allí—mirando a nuestras descripciones, explicaciones, casos, jergas, análisis y otros equipamientos descansando en el suelo de lona de la tienda de campaña junto al fuego. Todo estaba tan aceptado, tan normal. La audacia de nuestra caza había comenzado a asimilarse.

Aún así el plan de viajar ligeros fue un buen plan. Podíamos seguir rápidamente cualquier rastro que encontráramos hasta el final y luego esperar en emboscada. El único problema era que nunca nadie había visto el rastro de una historia salvaje. No ayudó saber que uno de los más grandes cazadores de todos los tiempos escribió:

> Una palabra está muerta
> Cuando es dicha,
> Dicen algunos.
> Yo digo que apenas
> Comienza a vivir
> Ese día.[3]

¿Cómo se puede atrapar una historia que no comienza hasta que se termina? A pesar de estas preguntas terminamos de aligerar nuestras mochilas y nos las pusimos en la espalda.

Una revisión final de los mapas confirmó nuestra ruta. Los puntos de partida descubiertos debajo del hoyo de un conejo y a través de un espejo fueron evitados. El guardarropa, donde la entrada en las historias anteriores había sido encontrada, fue otra vez invalidada. La clásica "*Una silva oscura*," el bosque oscuro en el que entró Dante, el cual estaba marcado claramente en el antiguo mapa de piel, de igual manera fue excluido.

Reafirmamos nuestra decisión de no tomar el camino empinado hacia la abadía, dominada por el inquietante *Aedificium,* el enorme laberinto de una biblioteca. Recordamos como su silencio de "testimonio para la verdad y para el error," fue reducido a cenizas. Sin dudas de que aún hay historias merodeando por las ruinas ennegrecidas, pero no comenzaremos allí tampoco. Tampoco iremos a cazar por debajo de las olas o a través del humo. Discutimos nuevamente sobre la Tierra Media, un lugar poblado de hobbits y zorros parlantes, pero también la rechazamos.

Podríamos ir hacia el Lejano Oeste de la nave en Chartres. Fue allí que el gran laberinto fue construido sobre el piso de la catedral. Esto se hizo en algún momento entre el Gran Fuego de 1194 y 1220, cuando la sección Fulbert fue completada. Todos asentimos en acuerdo otra vez, así que levantamos el campamento.

Después de lentamente dar vueltas en espiral hacia el centro del laberinto de piedra, nos reunimos en la rosa de seis pétalos, a unos 9 pies, del otro lado. Nos proporcionó una puerta dañada. Las piezas originales de cobre, latón y plomo del centro no estaban, quitadas por las tropas de Napoleón. Ese fue un momento crítico. Una leyenda dice que un minotauro merodea en el centro, pero nuestro miedo fue superado por el aliciente de la caza. Pasamos a través, hacia el otro lado.

En el otro lado había un bosque, pero no era ni oscuro ni salvaje. Era solamente extraño, pero no tan extraño, era como cuando una americano viaja a Australia o un australiano viaja a América.

Rastros de juegos se entrecruzaban en la hierba gris, debajo de los árboles. El sendero que seguimos, estaba marcado por un rocío tenue de símbolos en muchos troncos de los árboles, y ocasionales montones de palabras en la hierba. Nos guió a lo profundo del bosque espeso. Cuando más crecía la oscuridad, nos apercibimos de pequeños destellos de luz alrededor de nosotros.

"¿Qué es eso?"

"Bichos de letras. Yo solo los había visto una vez. Ellos parpadean al azar pero son un poco más independientes que el rastro que hemos estado siguiendo. Una historia puede haberlos agitado."

Cuando salimos a la luz del sol de un pequeño claro, otra sorpresa nos aguardaba. Líneas delgadas, pequeñas, avanzaban hacia nosotros desde el borde del bosque a nuestro alrededor.

"¡Qué son esas cosas!" preguntó otro cazador.

"Pienso que son gusanos de palabras. ¿Ven como a veces se enganchan en largos segmentos como sentencias? No pienso que sean peligrosos. También nos dicen que una historia puede andar cerca."

De pronto, el bosque que nos rodeaba explotó con una gran bandada de pájaros que se lanzaron desde los árboles. Revolotearon sobre nosotros y entonces se dirigieron directo a nosotros con chillidos estridentes y sus alas cortando el aire.

"¡Aves verbos! ¡Cuidado!"

Nos agachamos debajo de árboles caídos y detrás de las piedras. Los gusanos de palabras se pusieron extremadamente animados mientras los pájaros descendían en picada. Algunos de ellos se unieron a los pájaros y eran llevados en vuelo. Unos pocos se enterraron. Algunos se entretejieron entre ellos para atrapar a los pájaros en su red. ¡El prado se volvió tan animado como una guía telefónica con las palabras 'que engendró' insertada entre los nombres!

"¡Manténganse abajo! Rastros de historias están por todos lados."

El tiempo pasó lentamente. Nos aburrimos. Luego, cuando el silencio se hizo más profundo, escuchamos una respiración que venía desde los árboles.

"Ha estado acechándonos," murmuró el cazador a mi lado.

La respiración entrecortada se movió bruscamente de forma rápida e invisible alrededor de nosotros en el bosque. Sonaba como un reloj. Cada "tic" implicaba un "tac." ¿Adónde iba?

"¡Miren! ¡Allí está!" gritó un cazador cerca ue los árboles.

Una sombra vaga se cernió por un momento en las sombras.

"Tiene un principio, un medio y un final," gritó otro cazador.

Miramos hacia adonde señalaba, pero la criatura ya había desaparecido completamente.

"¿Cómo pudiste hacer eso? Nos movimos hacia el que aún señalaba. "Esa definición que lanzaste la asustó."

"Pensé que acordamos dejarlas atrás," susurró duramente otro cazador.

"Lo siento. Tenía solamente un principio y un medio, de cualquier modo. Sé hacia adonde se fue. Les mostraré."

"No. Vamos a esperar. Aún parece curiosa. Estaba siguiéndonos, uniéndose, desde que comenzamos. Tal vez, regresará si nos quedamos quietos."

Otro cazador dijo, "pienso que está muy asustada para hacer eso, pero nosotros podemos ser capaces de hacer que regrese y juegue."

"¿Cómo haces eso?"

"Bueno, no podemos forzarla a jugar. Eso lo sé. Solamente podemos invitarla."

"¿Bien, entonces qué?"

"No estoy seguro, pero jugar ayuda a generar historias."

"¡Eso es! Nosotros no tenemos escalas, alas o piel de cuero gruesa para protegernos, pero creamos historias."

"Seguro. Nosotros cambiamos por nuestras historias."

Todos refunfuñaron al terrible juego de palabras, pero uno de los cazadores ya había comenzado a caminar con una extraña manera de andar dando brincos. Arqueaba sus hombros y miraba a su alrededor con los ojos muy abiertos, sonriendo. Luego, repetía el patrón, moviéndose de una manera decidida y sin embargo, al azar.

Otro cazador se agachó en cuatro patas, como un perro, y comenzó a reír, moviendo su cabeza y mirando hacia arriba y hacia la izquierda. Luego, giraba en círculos y se escabullía, alegremente.

Un tercer cazador saltaba tan alto como podía sin ninguna razón. Y así seguía, saltando y saltando. Cuando trató de girar en el aire mientras saltaba, se cayó, se levantó y siguió haciéndolo una y otra vez.

"Creo que ellos están tratando de hacer que una historia salga y juegue," dijo un cazador que estaba junto a mi con un guiño de ojos, luego, el también comenzó a hacer cosas extrañas.

Para esa altura, ninguno de los cazadores estaba interesado en lo que yo decía, pero continué hablando igualmente. "¿Qué si no hay palabras? ¿Podremos ver o ser cualquier cosa?", grité mientras ellos bailaban, correteaban y saltaban juntos.

"Necesitamos dejar nuestro propio camino de palabras," me dije a mi mismo. "Eso es lo que las atraerá a nosotros. Tenemos que contarnos unos a otros en vida."

Formamos una extraña procesión moviéndose a través del bosque poco común. Comencé a respirar más rápidamente mientras el camino se hacía más inclinado. Finalmente, cuando tuve que detenerme y descansar, los otros desaparecieron.

Mientras descansaba dije en voz alta, "Cuando lo que estoy haciendo se revela en historia, mi 'mi' se puede ver. ¡Mientras lo digo, mi 'yo' y mi 'mi' conversan! Eso revela la identidad," a los otros, pero ellos no podían escucharme.

Comencé a ascender nuevamente. La altitud, y tal vez, todo mi parloteo, hacían el respirar más dificultoso. Sentía vagamente, una sensación de nauseas. "Si parara de hablar," masculló en el aire débil, "la cacería se detendrá." Rodeé una gran roca y el espeso bosque desapareció.

Comencé a correr para alcanzarlos, jadeando pesadamente, mientras el aire frío quemaba mis pulmones. Pude ver a los otros por encima de mí. Seguían a algo con gran intensidad. Las piedras repiqueteaban y saltaban cayendo por la pendiente por su apresuramiento. Mientras miraba, se formó una niebla lentamente, borroneando los contornos de mis amigos. Me apresuré cuidadosamente, siguiendo el sonido de sus voces. Cuando me quise dar cuenta, estaban a mí alrededor. La niebla se diluyó y me di cuenta que estábamos en la cima. La montaña caía bruscamente en sus tres lados.

No podía hablar. Conté a los cazadores. Algunos se habían ido.

"¿Qué sucedió?"

"Ellos solo se fueron."

"¿Adonde?"

Los otros se encogieron de hombros.

Mientras podía ver que el rango de visión de la montaña llegaba al infinito, me desmayé.

Cuando desperté las nubes corrían sobre nosotros. Una lluvia helada aguijoneaba mis mejillas. El aire zumbaba con electricidad buscando un lugar donde descargarse. Nuestros pelos se pusieron de punta y las hachas de hielo comenzaron a cantar.

"Tenemos que bajar."

"¿Y qué acerca de los otros?"

"No sé. Debemos irnos *ahora*.

Llegamos a la línea superior de los árboles en la montaña justo cuando rompía la tormenta. Todo se tornó blanco así como el viento sopló nieve a través del bosque. Nos detuvimos para abrir nuestras mochilas y sacar nuestros abrigos. Cerramos nuestros abrigos, para escaparnos mejor del viento y el frío. La tensión comenzó a decrecer mientras bajábamos y salimos a través de los árboles.

El descenso fue meditativo, pero la gravedad parecía conspirar con cada piedra o raíz expuesta para que nos tropezáramos. Finalmente, estábamos en la puerta del laberinto. La pasamos, y también sus anillos circundantes hacia nuestro campamento. Un fuego se comenzó. Mientras calentábamos nuestras manos, los que se habían ido, los que ya no necesitaban lenguaje, se unieron a nosotros uno a uno.

"Las historias no pueden ser atrapadas," dijo alguien. "¡Ellas nos atrapan!" Todos reímos, a excepción de los que recién habían llegado. Se veían perplejos.

> ...y así es hasta nuestros días.
> ...y si no me creen, puedo mostrarles la montaña.
> ... y el laberinto todavía sigue allí.
> ...y este es el final de esta historia.
> ...vayan y hagan lo mismo.
> ...Amén.

CAPÍTULO 3
JUEGO, PSEUDOJUEGO Y GRACIA

LUGARES OSCUROS Y COBERTORES

Nuestra Luisa de 3 años de edad estaba jugando con el material de Jugar Junto a Dios en nuestra sala. Primero jugó la versión convencional de la historia, pero luego jugó con aventuras extendidas de ovejas en "lugares oscuros," demostrando un grado de violencia y oscuridad, que nos sorprendieron e impresionaron profundamente a mí como a su madre. Eventualmente, todas las ovejas fueron rescatadas por el pastor y llevadas al redil. Los lugares oscuros fueron "hundidos" en el fondo de las frías aguas, y así desaparecieron de la vista—lo cual me escoció más. El mal no solo "desaparece," ¿no es así?

Bueno, ella debe haberlo sentido de esa manera, así que me mantuve en silencio. Ahora, dijo ella, era el momento para que las ovejas se fueran a la cama. Así que comenzó una larga rutina de "irse a la cama." Ah, dijo de pronto, pero ellas van a necesitar cobertores. Ella pescó los fieltros de los lugares oscuros, ¡recién "bautizados" como cobertores! Así, cada oveja recibió un cobertor y fue metida a la cama por el Buen Pastor con su beso de "buenas noches."

Pero por supuesto, no todas se fueron directamente a dormir: una quiso un beso más, otra quería un vaso de agua, otra quería un cuento para que la ayudara a dormir; otra necesitó que le arroparan el cobertor otra vez, etc. Cada vez, el Buen Pastor mostró para lo que estaba hecho: amor incondicional y paciencia—en lugar de la experiencia real del extendido momento de ir a la cama de Luisa con sus cuidadores, quienes se muestran impacientes y cansados.

Finalmente, todas las ovejas fueron pronunciadas "dormidas." Ella colocó al Buen Pastor afuera, junto a la puerta del corral. Luego dijo, mirando la escena que había creado, "O, el Buen Pastor podría sentirse solo ahora. El desearía que a veces, las ovejas pudieran despertarse y devolverle algo de amor."

Si alguna vez hubo un argumento para que un adulto imprevisto se mantuviera en silencio, para permitir a un niño jugar en su propia manera (por heterodoxa que fuera), pienso que esta experiencia era para mí. Tengo la certeza que cualquier intervención por mi parte hubiese impedido a Luisa llegar a este final a través de su propia experiencia y lenguaje. Ella no solamente llegó a comprender totalmente la relación del Pastor con sus ovejas, sino que también comenzó a vislumbrar el lugar de la respuesta a este amor; la naturaleza de "ida y vuelta" de esta relación y el desafío que supone el siguiente paso de "devolver el amor."

—Rebecca Nye, Godly Play Entrenadora de Jugar Junto a Dios

UNA EXPERIENCIA ADULTA DEL JUEGO

Algunas veces, bromeo acerca de que Jugar Junto a Dios es mucho más divertido de cosas para hacer que de hablar. Al riesgo de limitar nuestra diversión, en este capítulo me gustaría hablar un poco sobre jugar. Jugar es un medio fundamental de la niñez. Para adentrarnos completamente en Jugar Junto a Dios, tenemos que estar completamente concientes que es lo que hace al juego "*real*" y que nos distrae del mismo, o lo que le resta valor.

En el Capítulo 1, lo invite a Jugar Junto a Dios; jugar con Dios y con el lenguaje de la gente Cristiana, a través del cual llegamos a *conocer* acerca de Dios y a *conocer* a Dios. En el Capítulo 2, afirmé el poder de la historia y los invité a descubrir nuestra propia historia y nuestro propio llamado a ser un narrador o "contador" de historias. Ahora es el tiempo de jugar y de reflexionar sobre el significado de jugar.

En la elección de que hacer para jugar, sean cuidadosos. Muchas de las actividades que los adultos elijen para su lección no son realmente jugar, sino una clase de trabajar-jugando: competir contra ellos mismos u otros en lograr bajar sus golpes en el golf o en elevar sus puntuaciones en el bridge. No es fácil definir la palabra jugar, pero para los propósitos de esta exploración, elijan una actividad que se sienta como "perder el tiempo." Luego, realice esa actividad, y solamente esa actividad, por una hora completa.

Así es. Reserve una hora y derróchela en eso. Esa idea corre en contra de todo en lo que cree nuestra cultura pragmática y ocupada. Este ejercicio es una invitación para descubrir el jugar descubriendo lo que no es, así que no obtenga ningún producto, no realice muchas tareas, y no haga nada que sienta que "debería" hacer. Con el juego, no hay un producto, pero si hay una profunda participación y una profunda concentración. Usted no puede hacer dos cosas al mismo tiempo, porque el juego real ocupa enteramente al jugador. Con el juego usted necesita hacer la actividad por sus propias razones, no por "deberías" de alguien, ni siquiera por los propios. El jugar no puede ser forzado. Si usted siente que *tiene* que jugar—usted realmente no está jugando.

Inténtelo. Tal vez, en un primer momento el "gastar" o derrochar tiempo lo vuelva loco. Trate de seguir intentándolo. Usted podría descubrir que "perder" el tiempo de esta manera lo lleva a ingresar en su propio proceso creativo. Podrá conectarse con el lenguaje de una nueva manera, y quizás ni siquiera quiera utilizar el lenguaje para nada, aún durante o después de su actividad. Por esta razón, reservaré las preguntas de reflexión para el final de este capítulo en lugar de invitarlos a reflexionar sobre las diferencias entre el juego genuino y el seudo juego. Luego, extenderé nuestras reflexiones hacia la consideración de lo que nosotros llamamos "gracia" cuando estamos "hablando Cristiano."

DESCRIBIENDO JUGAR

Tal vez, usted piense que apartar una hora para jugar fue tonto. Sigamos, de cualquier manera. Eso esta bien. Tal vez el significado de jugar llegue a estar claro desde las palabras que utilizamos para hablar de ello, y entonces usted intentará jugar nuevamente. Hay muchas maneras de ir desde aquí hasta allí. Vamos a comenzar con una pregunta.

"¿Qué es compartido por los asesinos de masas, conductores ebrios, niños hambrientos, animales de laboratorio que se golpean la cabeza, algunos estudiantes ansiosos, la mayoría de los ejecutivos en ascenso y todos los reptiles?" La respuesta de Stuart L. Brown a su propia pregunta es: "Ellos no juegan."[4] (Nuevas evidencias sobre los reptiles califican las observaciones de Brown.)

Brown, un importante investigador y escritor sobre el juego, luego sigue comentando sobre el comportamiento de juego de los animales en su ambiente salvaje, "Investigaciones sistemáticas indica que jugar consume hasta el 20 por ciento de la energía de supervivencia de los jóvenes y aquellos en edad de crecimiento."[5] Esto es verdad a pesar del riesgo de muerte y daño para los participantes y a pesar del hecho de que el juego no proporciona la comida, el refugio, la seguridad y otros resultados necesarios para la supervivencia. ¿Por qué la evolución favorecería el uso de tanta energía biológica en el servicio de una actividad aparentemente inútil? Tal vez no es "inútil" como parece.

Para discutir la posibilidad del valor del juego vamos a seguir tres pasos. Primero, vamos a considerar la ambigüedad del juego e intentar una "no-definición." Segundo, analizaremos el seudo juego, lo opuesto al juego, el cual tiene resultados destructivos para aquellos que viven con el y para aquellos que lo confunden con el juego. Finalmente, examinaremos la conexión de jugar y seudo juego junto con la conexión de la comunicación verbal y la no-verbal para proporcionar un significado por el cual podamos evaluar la calidad del juego en la práctica de la educación religiosa, en el culto y en nuestras vidas diarias. Concluiremos con el rol de la gracia teológica en Jugar Junto a Dios y las connotaciones físicas no-verbales de la gracia.

LA DIFICULTAD DE DEFINIR JUGAR

Dividiré esta discusión de la ambigüedad del juego en dos partes: primero, una mirada al juego desde el punto de vista científico; segundo, una discusión de cómo la teología ha enfocado la falta de definición de jugar. Añadiré una nota a pie de página acerca de una teología de la niñez y el juego pero reservaré la discusión completa de una teología de la niñez para el Capítulo 7.

AMBIGÜEDAD CIENTIFICA

Cuando Brian Sutton-Smith escribió La *Ambigüedad de Jugar* después de más de cuarenta años de estudiar escribir formalmente sobre jugar y juegos, pensó que finalmente "lo había hecho bien." El fue capaz "de traer cierta coherencia al ambiguo campo de la teoría del juego sugiriendo que algo del caos que se encontraba allí era debido a la falta de claridad acerca de retóricas culturales populares que yacen debajo de las varias teorías y términos de jugar."[6]

El definió una "retórica" como "un discurso persuasivo, o una narrativa implícita, adoptada a sabiendas o no por miembros de una afiliación en particular para persuadir a otros de la veracidad y de lo valioso de sus creencias."[7] Las siete retóricas que Sutton-Smith identifica se dividen en dos grupos: visiones antiguas de naturaleza comunitaria y visiones pragmáticas modernas, surgidas alrededor de 1800 cuando "jugar," comenzó a ser estudiado en una manera sistemática y científica.

Las visiones antiguas de jugar relacionadas al poder (prestigio, poder), el destino (magia, suerte, a la identidad comunitaria (festivales, cooperación) o a la frivolidad (sin sentido como lo opuesto al trabajo). Las visiones modernas, sin embargo, ven al jugar como envolviendo al progreso (adaptación, crecimiento), el imaginario (creatividad, fantasía) o las preocupaciones del yo (experiencias sublimes, ocio). "En general cada retórica tiene una fuente histórica, una función particular, una forma clara distintiva, jugadores y defensores especializados, y el contexto para disciplinas académicas particulares."[8]

La ambigüedad de jugar, entonces, no es el resultado de la diversidad de formas o experiencias, las muchas clases de jugadores, la variedad de agencias de juego o de la multitud de escenarios de juego. La razón por la cual no tenemos una teoría general de jugar es porque el estudio de jugar tiene muchos puntos de partida diferentes.

Sin embargo, en adición a la ambigüedad de jugar, me gustaría agregar otra razón por la cual no tenemos una definición generalizada de jugar. De acuerdo a Terrence Deacon, autor de Especies Simbólicas: *La Evolución Conjunta del Lenguaje y el Cerebro*, la humanidad ha desarrollado la habilidad para la referencia simbólica (esto es, la habilidad para la comunicación verbal), junto con una referencia icónica (esto es, tipos de comunicación no-verbal), la cual es paralela pero no independiente de la comunicación verbal.

Aunque nuestro sistema de comunicación no-verbal es independiente, sin embargo, aún así proporciona el terreno para nuestra comunicación verbal (simbólica). En otras palabras, *como* decimos las cosas proporciona el contexto para lo que decimos. Este "*como*" viene desde nuestro sistema de comunicación no-verbal.

Desde que jugar esta señalado por nuestro sistema de comunicación no-verbal—una sonrisa, un movimiento de la cabeza, un guiño del ojo—podemos solo parcialmente describir que hacemos cuando jugamos. De hecho no hay nada que podamos decir o hacer en una manera no juguetona que no podamos decir en una manera juguetona, dependiendo de nuestras gesticulaciones. No hay manera de hacer una traducción uno-a —uno desde jugando hacia la referencia simbólica, esto es, utilizando palabras para definir jugar. Esto sería como tratar de traducir literalmente llorando o riendo a palabras.

Para identificar jugar, entonces, necesitamos mostrarlo físicamente en lugar de reducirlo a términos precisos. La tarea de mostrar el juego tiene un pequeño símil a la tarea de definir cosas tales como triángulos, las cuales son útiles construcciones verbales impuestas sobre la complejidad de la naturaleza. Proponemos, entonces, describir el juego en lugar de definirlo.

En su libro *Jugar*, Catherine Garvey proporciona una definición precisa y apropiada. Ella dice que jugar es "placentero, que no tiene objetivos extrínsecos, es espontáneo y voluntario, implica un compromiso activo, y que tiene relaciones sistemáticas con lo que no es juego como la creatividad, la solución de problemas, aprendizaje del lenguaje, el desarrollo de los roles sociales, y otro número de fenómenos sociales y cognoscitivos."[9]

La descripción de Garvey indica las cualidades básicas de jugar. No expone el preciso significado de la palabra. Esta descripción establece los vínculos para la experiencia que debe ser mostrar para entenderlo por completo no-verbalmente.

Algunos seres humanos son mejores que otros en su capacidad de "mostrar" como jugar. Por ejemplo, los artistas adultos muchas veces retienen una sensibilidad especial para la comunicación no-verbal. Ellos son expertos en jugar con movimiento, piedra, color, sonidos y otros medios de comunicación—incluyendo palabras.

Los niños componen un segundo grupo de humanos quienes son especialmente sensitivos a la comunicación no-verbal. Ellos no tienen elección para estar en sintonía con sus sistemas de comunicaciones no-verbales, desde el momento en que sus habilidades verbales recién se están desarrollando.

Vestigios de lo no-verbal pueden encontrarse en lo verbal prestando atención a las connotaciones de nuestras palabras. De acuerdo a Howard Gardner, las raíces de la connotación están en las maneras de conocimiento de formación pre-objeto.[10] De las siete a nueve maneras en las cuales nosotros creamos significado implican connotación en diferentes modos. La connotación comunica lo que Gardner llama modos y vectores, un tipo de conocimiento interior. Esto probablemente comienza de una manera global y luego desarrolla más especificidad en centros de la sensibilidad, tales como la boca. Ejemplos de modos o vectores son:
- moverse hacia o alejarse desde
- universalidad y particularidad
- estar vacío o lleno
- abriendo y cerrando

En lugar de utilizar lenguaje denotativo para crear una definición de jugar, entonces, sería mejor utilizar lenguaje connotativo. En lugar de buscar precisión, una mejor aproximación sería a través de la ambigüedad de la poesía. Propongo, por lo tanto, una "no-definición" activa de jugar que sea graciosa, en lugar de retrógrada, competente, aburrida o que provoque hastío. Juego y gracia parecen superponerse como experiencias. Ser gracioso contra el vacío también tiene otras connotaciones: válido contra inválido, salud contra enfermedad, conectado contra desconectado y complejo contra lo caótico o lo rígidamente ordenado.

Discutiremos más adelante el jugar como ser gracioso buscando su opuesto en un momento. Primero, sin embargo, necesitamos ver lo que la teología de lo años recientes ha dicho acerca de jugar y porque jugar y gracia no han estado decisivamente conectados en esa discusión.

AMBIGÜEDAD TEOLOGICA

El interés en una teología del juego surgió en los últimos años de la década de los 60's y a principios de los 70's. Hay un paralelismo entre éste y el surgimiento del interés en el juego entre los sicólogos. El libro de L. Miller *Gods and Games: Toward a Theology of Play (Dioses y Juegos: Hacia una Teología de Jugar)* proporcionó una revisión concisa y creativa de la literatura, así como también sirvió como manifiesto, para esta nueva manera de ver a la teología.11 Para los 80's, sin embargo, cualquier discusión sobre una teología del juego había desaparecido. ¿Por qué?

Ya en 1972, Jurgen Moltmann sintetizó la razón para el interés fallido en una teología del juego. El tomaba parte en un simposio, el cual fue la base para el libro Theology of Play (Teología del Juego).12 En una respuesta a otros tres participantes—Sam Keen, David L. Miller y Robert E. Neale—el dijo que "lo Puritano del trabajo fácilmente cambia a lo Puritano del juego y permanece Puritano."

El también arguyó que "jugar" estaba tan definido en términos generales en la discusión que incluirlo cercano a algo, no significaría nada en particular. Esto hacía imposible distinguir entre el buen juego y el juego dañino. Moltman vino a decir que mientras tanto aún hay lágrimas de tristeza. "Auschwitz continúa siendo Auschwitz."[13]

Moltman puso sobre el tapete preguntas importantes, pero el juego no puede ser entendido teológicamente solamente desde la manera en que la discusión fue enmarcada por los defensores de la teología del juego. Puede ser también parte de un proyecto más grande, al que llamaremos teología de la niñez.

Una teología de la niñez explora el tema del pronunciamiento de Jesús sobre que si esperamos ser maduros, necesitamos querer convertirnos en niños. Jesús dirigió muy poco nuestra atención sobre el lenguaje complejo de los niños, así que una pista sobre entrar en el Reino es que no está sobre la referencia a lo simbólico, o a "obtener las palabras correctas." Desde que jugar es parte de nuestro sistema de comunicación no-verbal, necesitamos considerarlo como parte de lo que es necesario para educar a la gente sobre transformarse en cristianos maduros.

Una teología de la niñez, , como yo la concibo, es sobre nuestra conciencia de la calidad del juego—así como también de la calidad de nuestras otras comunicaciones no-verbales—así podremos mantener nuestras comunicaciones no-verbales en armonía con nuestras comunicaciones verbales. Si esto es así podremos comunicarnos de maneras claras y directas con Dios, con los otros, con la naturaleza y con nuestro yo profundo. La discordancia entre nuestra comunicación verbal y no-verbal, no solamente estropea nuestra enseñanza y aprendizaje, sino también todo nuestro sistema de conocimiento y de existencia en el mundo.

LO OPUESTO A JUGAR

Nos volvemos ahora hacia el segundo paso de nuestra discusión. Tal vez podamos clarificar nuestro significado poético y connotativo para jugar discutiendo su opuesto. Lo opuesto de jugar, por supuesto, depende de lo que pensamos sobre lo que es jugar, aún si esa especificación se mantiene al nivel de la intuición.

Propongo que nuestra investigación para lo opuesto a jugar, como nuestra investigación para una definición de jugar, envolverá connotación (esto es, descripción y lenguaje intuitivo) en vez de denotación (esto es, definición precisa). De esta manera, podremos incluir tanto "conocimiento" no-verbal, basado en el cuerpo; como sea posible, en nuestra descripción. Vamos a proceder por prueba y error.

Primero, vamos a probar "seriedad" como lo opuesto a jugar. Esta es una propuesta clásica y una que Huizinga, el autor de *Homo Ludens*, descartó de la siguiente manera: la seriedad busca excluir al juego mientras que el juego incluye a la seriedad.14 Esto hace al juego un concepto de orden mayor de lo que sugiere la dicotomía jugar-seriedad.

¿Que tal de la presunción común de que "trabajo" es lo opuesto al juego? El problema con hacer una dicotomía de jugar y trabajar es que para algunas personas sus trabajos son jugar. Los científicos, artistas y muchos otros sirven como ejemplo de este enfoque exuberante. Por ejemplo, el o la atleta necesita trabajar en su juego para jugar bien. La práctica lleva al jugador a un nuevo nivel de integración y el juego fluye nuevamente, *después* de la práctica, en un nivel más elevado de destreza y complejidad Este enfoque ve al trabajo y al juego como dos partes de un ritmo unificado de la vida, en vez de opuestos.

Lo que me gustaría proponer como un opuesto a jugar es *vacío*. Esto es en cierta manera poético, pero como ya hemos visto tal lenguaje connotativo podría ser la mejor manera de colocar a jugar y a su opuesto en palabras.

Cuando estamos jugando, estamos llenos de vida, conectados hacia el juego y a los jugadores en el juego. La sinergia abunda. Cuando no podemos jugar, estamos, a lo sumo, manteniéndonos con vida. Un ejemplo trágico de este vacío es que los niños hambrientos y deprimidos no juegan. Ellos han perdido su gracia.

En ausencia de privación o trauma, el vacío humano resulta sobre todo de una fuerte atracción de un imperativo para sentirse bien sin gastar energía. El placer de este impulso hacia el esfuerzo mínimo es ancestral. Está probablemente enraizado en la conservación de la energía necesaria para estar preparado para enfrentar un peligro inesperado en cualquier minuto y aún evitar el agotamiento de tal estrés implacable.

Este concepto de vacío necesita ser distinguido de la idea clásica mística del vacío. Lo místico está hablando de hacer espacio para Dios, así que lo que está vacío es el interés personal. La presencia de Dios llena esta ausencia, así que en este sentido los místicos no están vacíos. El vaciamiento místico lo llena con una energía de tipo más elevado, la energía creativa de la criatura humana al jugar con el Creador.

El vacío al que nos estamos refiriendo como lo opuesto a jugar es el que frecuenta la avaricia de la energía. Ellos están vacíos, porque se apartan a sí mismos de jugar con su yo profundo, con otros con la naturaleza y con Dios. Tales personas son peligrosas porque son parásitos. Se ven obligados a chuparle la vida a los otros para incluso parecer llenos de vida para sí mismos y para los otros.

La gente que no puede jugar no necesariamente se presenta como aburrida. Muchas veces parecen chispeantes y brillantes, porque deben ser atractivos para atraer a otros hacia ellos. Si esto falla ellos deben lograr posiciones de poder así los otros pueden ser forzados a estar en su compañía. De cualquier manera, atrayendo o forzando, su propósito es consumir la energía de aquellos que los rodean.

No es una sorpresa que esas esponjas de energía hallan sido identificados como malas y personificadas como satánicas. Ellos son, efectivamente, los enemigos históricos de la vida. En Hebreo y Griego, por ejemplo, "Satán", significa enemigo o adversario. Un retrato clásico de un vacío quien brilla con poder atractivo e inteligencia es el Satán de Milton en *El Paraíso Perdido*.

Sea la visión que usted tome, positiva o negativa del Satán de Milton, aún debe considerar que él a veces está mintiéndose, engañándose a sí mismo o loco. La ambivalencia de esta figura da profundidad e intriga al personaje, pero más importante, es que Milton ha tomado seriamente la dificultad de discernir la diferencia entre juego y seudo-juego en su monumental personaje.

Otro ejemplo desde la literatura, más ampliamente leído hoy en día, podemos tomarlo de El *Señor de las Moscas* de William Golding. Los chicos varados en una isla construyen su primera civilización alrededor de Ralph y sus reuniones convocadas por la concha de caracola. El es alguien que puede jugar con placer, como lo muestran las primeras páginas de la novela.

> Ralph hizo una zambullida en la superficie y nadó bajo el agua con sus ojos abiertos; la orilla arenosa del estanque surgía como una ladera. Se dio una vuelta, apretando su nariz, y una luz dorada danzó y estalló justo sobre su rostro.[15]

Jack es lo opuesto a Ralph. Su juego no es por el propósito por el juego, sino que es calculado para atraer seguidores. El es un vacío y defiende su liderazgo al principio desde el poder de la posición: "porque yo soy un chico del coro del capítulo y un cabecilla. Puedo cantar en do sostenido." [16] El también tenía un cuchillo y cuando aprendió a cazar y a disfrazar su cara con pintura, se opone al enfoque del liderazgo cooperativo y razonado de Ralph por un ejercicio de poder, el poder de su disfraz y violencia. El obliga a los otros a seguirlos y trata de disfrazar lo que ellos están haciendo como un juego.

La ascensión al poder de Ralph puede ser trazada en la novela prestando atención a la cualidad de la risa y diversión entre los chicos. Se mueve desde los signos del juego en el liderazgo de Ralph hasta las señales de desdén, ridiculez e irrisión en la voz de Jack y sus seguidores. Jack domina por el miedo, el miedo del líder, reforzado porque protege a sus seguidores de un temor más grande aún, "la bestia," la cual el mantiene viva vívidamente en la experiencia de todos.

Cuando Jack invita a Ralph a sus pocos seguidores a unirse a su tribu les dice: "Nosotros cazamos y nos damos un festín y nos divertimos. Si ustedes quieren unirse a mi tribu vengan y véannos. Tal vez los deje unirse a nosotros. Tal vez no." 17 Su idea de diversión no tiene nada que ver con jugar, pero es solo una manera de retener poder sobre los otros.

Mas tarde, Jack hace otra invitación a seudo-jugar: "¿Quién se unirá a mi tribu y se divertirá? 18 Esta diversión involucra una frenética danza de muerte en la noche en la cual Simon—quien ha escalado la montaña en solitario y enfrentado a la "bestia," un hombre muerto colgado de un paracaídas movido por el viento—sale gateando de los arbustos, exhausto después de su experiencia traumática y terrible.

Los otros chicos están bailando y cantando, "¡Maten a la bestia! ¡Corten su garganta! ¡Derramen su sangre! Métanlo adentro.19 En su frenesí, tal vez ni siquiera reconocieron a Simon mientras lo convertían en la víctima de su lujuria y lo mataban. Eso fue lo que "diversión" y "jugar" y "risa" vino a significar bajo el reinado del vacío.

Hay momentos en que personas, que prefieren jugar en lugar de pelear, deben pelear en contra de tales fuerzas que drenan energía y la gente que las encarna. La vida debe ser protegida de aquellos que pueden solamente simular la vida, porque el envolvimiento en cualquier juego en sus términos es destructivo y roba a aquellos su vida. Para ayudar a protegernos de este peligro necesitamos ser más específicos sobre nuestra descripción del seudo-juego, el cual quiere disfrazarse a sí mismo como el genuino juego. Para hacer esto utilizaremos la descripción de juego de Garvey para guiar nuestra comparación:

JUEGO	***SEUDO-JUEGO***
El juego es placentero.	El seudo-juego es falto de sensación, una nerviosa pero falsa y hueca simulación de vida.
El juego no tiene objetivos extrínsecos. .	El seudo-juego es parasitario. Destruye la vida del huésped para mantener su propia supervivencia.
El juego es espontáneo.	El seudo-juego está obsesionado en atraer a otros para reclamar su energía.
El juego requiere compromiso.	El seudo juego es desprendido, pero trata de parecer involucrado. Se disfraza a sí mismo para mantener el dominio.
El juego alimenta actividades tales como la creatividad, el aprendizaje del lenguaje y de los roles sociales.	El seudo-juego aprovecha la energía de los otros para ganar el sentido de estar vivo. En lugar de alimentar y apoyar la creatividad en otros, puede solamente robársela a ellos.

En lenguaje teológico podríamos decir que los jugadores verdaderos están concientes de imagen de Dios como su Creador y una intimidad entre el Creador y la criatura en el juego. Para el seudo-jugador la imagen de Dios está perdida o al menos oscurecida, y hay rebelión en contra de Dios. Tal persona esta impedida de actuar y puede solamente reaccionar. Los teólogos han convertido frecuentemente a el vacío en una descripción del mal, desde las descripciones de la Iglesia en sus comienzos del mal como *privatio boni* (la ausencia del bien) a la das *Nichtige* (la nada) de Karl Barth en el siglo veinte.

Cuando le quitamos la máscara el seudo-juego, encontramos el mal, la naturaleza y la fuente de la cual Tom Shippey, el intérprete principal de J. R. R. Tolkien, toma para ser "el tema central de *El Señor de los Anillos*, como de tantas fantasías modernas."[20] Tolkien, sin embargo, mantiene una "ambivalencia continua" entre la visión contra intuitiva y ortodoxa, la cual clama que el mal es nada, la ausencia de Dios, y la visión del mal como una fuerza la cual debe ser resistida. El mal como una ausencia (la "Sombra") y el mal como una fuerza (el "Poder Oscuro"), manejan mucho de este argumento y "se expresa no solamente a través de las paradojas de espectros y sombras, sino también a través del Anillo."[21]

Las dos visiones del mal, están ambas profundamente enraizadas e irreconciliables. Tal vez podamos decir que el mal es interno, causado por el pecado humano y la debilidad humana, y la alienación de Dios (el Anillo se siente pesado para Frodo) y se experimenta también como externo (el Anillo obedece la voluntad de su maestro). El mal comienza con buenas intensiones y, sin resistencia, puede destruir a quien lo sostiene. Esta ambigüedad se juega en su nivel más intenso entre Frodo y Gollum con el aspecto añadido de la "suerte" Hobbit de ambos, Bilbo y Frodo, quienes prescinden de Gollum. ¿En lenguaje Cristiano, podríamos llamar a esta "suerte" semejante a la gracia?

JUEGO, SEUDO-JUEGO Y EDUCACION

Ahora combinaremos nuestras dos primeras discusiones—la comunicación verbal y no verbal con juego y seudo juego—para encontrar una manera de evaluar la calidad del juego en la educación religiosa o en otras presentaciones religiosas, tales como el culto. Primero, daremos una mirada a la relación entre el juego y el tipo de comunicación que utilizaremos. Segundo, aplicaremos esta comprensión gráfica, junto con la descripción de juego de Garvey, para analizar cuatro juegos peligrosos que muchas veces se encuentran en la enseñanza y el aprendizaje.

Una falta de concordancia entre nuestras comunicaciones verbales y no verbales, causa confusión profunda. Esta confusión es especialmente trágica para los niños, porque les enseña que discordia *es* comunicación. Esto coloca a los niños en un doble ciego, así que ellos se equivocan si responden a lo que se dice y se equivocan si responden a lo que se muestra. El dolor de tal discordia a veces abruma la necesidad para relacionarse, y los niños pueden retraerse. Sus almas pueden marchitarse y morir por tal aislamiento.

Tal discordia es también trágica para los adultos. Así como se desarrollan las habilidades verbales, los adultos tienden a depender más y más de las palabras y pasar por alto sus gestos y acciones. Las raíces de las palabras son arrancadas de su suelo en lo no verbal. Nosotros no podemos vivir en un mundo limitado en palabras-sobre-palabras sin volvernos insanos como individuos y como culturas.

Para representar la coordinación de la comunicación y juego vamos a utilizar la siguiente ilustración:

La línea horizontal muestra el continuo entre el juego y su opuesto, el seudo-juego. Se mueve desde la desbordante energía del juego hasta el vacío del seudo-juego. La línea vertical muestra la relación del continuo del juego hasta el continuo que corre entre las comunicaciones verbales y no verbales.

El seudo-juego trata de desconectar lo verbal y lo no verbal. Si ustedes escuchan a las palabras, ustedes escuchan una invitación para jugar, pero si ustedes leen los gestos y las acciones no verbales, la invitación es para seudo-jugar. A pesar de lo que hemos venido diciendo, las señales no verbales le dicen que esta invitación carece de mutualidad, espontaneidad y otras características necesarias del juego genuino.

El diagrama de más arriba, nos puede ayudar a volvernos más sensitivos a cuales son los juegos en la educación religiosa, el culto o en la vida diaria, que pueden ser peligrosos. Yo propongo cuatro seudo-juegos comunes que encontramos en tal seudo-juego:
- compulsión
- entretenimiento
- manipulación
- competición

Estos cuatro juegos tienen muchas cualidades solapadas, porque todos ellos son ejemplo de seudo juego.

JUEGOS PELIGROSOS

Primero, veamos compulsión. A mediados de la década de los 60's, Eric Berne catalogó muchos de esos juegos en su libro *Games People Play (Los Juegos que Juega la Gente)*.[22] El libro tocó un acorde sensible en sus lectores, que lo mantuvo en las listas de los más vendidos por dos años. El título del libro sobrevive en el vocabulario popular hasta nuestros días.

Los "juegos" que describe Berne son compulsivos e inconcientes. Sus "juegos" son en realidad seudo-juegos, desde que no son libremente elegidos. Una persona, joven o mayor, que juegue cualquiera de estos treinta y dos juegos negativos de este "Diccionario de los Juegos" de Berne queda atrapado en un comportamiento que es destructivo por su propia acción, porque lo mantiene a uno atrapado, así como también por otra razones.

La única manera de escapar es hacerse concientes del juego en que está atrapado en el juego. En lugar de "tocar cintas" inconcientemente, esto es, repetir inconscientemente un comportamiento destructivo, usted puede hacerse conciente del juego y elegir continuar o no. En el cuento infantil, el poder de hacer desaparecer a Rumpelstilskin se encuentra en simplemente decir su nombre. Berne, en su entusiasmo por reconocer y nombrar juegos, pudo sobre simplificar este "efecto Rumpelstilskin." En la vida real, el nombrar al juego obsesivo puede hacernos concientes del juego, pero casi siempre necesitamos un poco de trabajo para cambiar el comportamiento subyacente.

Cuando uno va más allá de los juegos, escribió Berne, consigue "conversación libre de imbéciles y libre de juegos entre dos Adultos autónomos."[23] Este tipo de relación, la cual incluye lo que nosotros llamamos "conciencia", "espontaneidad" e "intimidad" comienza a sonar más como lo que queremos decir con jugar, pero el ha descrito un juego nuevo y saludable en lugar de un no juego. La diferencia entre los dos tipos de comportamiento es la calidad del juego en lugar de la participación o la no participación en un juego.

La educación religiosa es también un juego, y la calidad del juego por la cual el juego se comunica es crítico para lo que es aprendido verbal y no verbalmente. La mejor educación religiosa mostrará todas las características de la descripción de jugar de Garvey. Mostrará un profundo compromiso en una actividad voluntaria hecha por sí misma que da al jugador placer y despierta su creatividad, el aprendizaje del lenguaje, el aprendizaje de los roles sociales y sus habilidades para resolver problemas.

Un segundo juego peligroso es el *entretenimiento*. En el entretenimiento, la energía fluye en una sola dirección. En educación religiosa, el que da entretenimiento es un maestro que crea consumidores pasivos de sus estudiantes. No hay sinergia posible, desde que este tipo de enseñanza es acerca del control. Uno puede argüir que tal visión de enseñanza comienza a vaciar a lo niños de vida en una edad tan temprana en vez de estimularlos a jugar, siendo llenados hasta desbordar con vida.

Un tercer juego peligroso es la manipulación. El maestro dirige la actividad para producir un producto que cumple con las necesidades del maestro. De esta manera el placer final en este juego es también para el maestro. Un niño tentado a unirse a tal juego será quemado jugando por la decepción e influenciado para evitar futuras invitaciones para jugar. La manipulación es sobre las necesidades del maestro, lo cual significa que los nexos al placer de la creatividad, aprendizaje del lenguaje, el aprendizaje de los roles sociales y la solución de problemas del aprendiz son usualmente separados.

El cuarto juego peligroso es la *competencia*. En este juego el maestro compite con los aprendices o anima a los aprendices a competir entre ellos. Algunas competencias espontáneas entre los niños pueden ser saludables, pero hay algunos adultos que no pueden limitar la competencia o detener la competencia con los niños entre ellos mismos. Ellos deben ganar cada vez aún si no está en el interés de aquellos que han venido a aprender. Solamente el ganador tiene el placer cuando domina el seudo-juego, y por cada ganador hay muchos perdedores. El producto de este tipo de juego falso es ganar y no jugar por el jugar en sí mismo. Ganar, de forma temporaria llena el vacío, pero esta ansia nunca es satisfecha.

Como usted puede ver, estos cuatro juegos peligrosos están relacionados: todos son para las necesidades del maestro y todos bloquean el acceso de los niños a las cualidades naturales del juego verdadero. Además, estos son solo unos pocos ejemplos de juegos educacionales destructivos. El seudo-juego es un maestro de los disfraces, así que tales juegos abundan.

Cuando la educación religiosa, a través de la comunicación no verbal, enseña seudo-juegos a los niños, les enseña que el seudo-juego es *normal* para el juego Cristiano. distorsiona la relación del jugador con ellos mismos, con Dios, con la creación de Dios y con todas las criaturas vivientes porque el lenguaje disfuncional enseñado inevitablemente forma la visión del mundo del aprendiz.

Jugar es mucho más importante para la educación religiosa que lo que cada ciencia o teología nos ha llevado a creer. ¡Si el juego se extingue junto con nuestra especie, especialmente como luchamos con nuestras preocupaciones existenciales, no tendremos ninguna criatura creativa y motivada lo suficiente, para contrarrestar las tendencias destructivas de nuestras propias especies!

LA GRACIA: UNA PUERTA ENTRE LOS DOMINIOS DEL LENGUAJE

Ahora vamos a dejar lo que hemos aprendido acerca de juego y seudo-juego y miraremos hacia una palabra y experiencia Cristiana Fundamental: *la gracia*. Pablo es el campeón de la gracia, habiéndola experimentado en el camino a Damasco. San Agustín siguió el pensamiento de Pablo para hacer la Clásica declaración teológica Cristiana. Vamos a sumir esta discusión leyendo a dos escritores contemporáneos quienes nos desafían con la naturaleza radical de la experiencia, la cual, como el mal, parece tener una dimensión interna y una externa. Estos campeones modernos de la gracia son Frederick Buechner y Robert Farrar Capon. Ambos han encontrado la puerta para la gracia entre la teología y las experiencias de cada día.

Frederick Buechner define a la gracia en su libro *Wishful Seeker's: A Theological ABC, Revised and Expanded (Buscadores de Ilusiones: Un ABC Teológico, Revisado y Expandido)*. Primero, la pregunta como esta palabra teológica ha escapado las centurias de distorsión y su uso desgastado que han oscurecido a otros términos parecidos. Hasta las palabras *gracia y graciosa*, "aún tienen algo de polvo sobre ellas."[24]

Como el escribió, "Gracia es algo que usted nunca puede tener y únicamente puede ser dado."[25] Esto no es algo que usted puede merecer o negociar para ganarlo. En el uso cristiano del término hay algo en la frase raída de "ser salvado por la gracia," pero uno necesita recordar que no hay nada que la persona "salvada" pueda hacer. Para ponerlo más claramente, aún siguiendo a Buechner:

> No hay nada que usted tenga que hacer.
> No hay nada que usted tenga que hacer.
> No hay nada que usted tenga que hacer.
> No hay nada que usted tenga que hacer.[26]

Como cualquier otro regalo, el regalo de la gracia puede ser suyo únicamente si usted se extiende con las manos abiertas y la recibe. Por supuesto, extenderse con las manos abiertas también puede ser gracia. ¡El puño apretado de la ira o del esfuerzo no lo hará! Esta es una doctrina muy radical.

Esta cualidad intolerable de la gracia, el cual podríamos comparar con la intolerable "pérdida de tiempo" en el juego, es especialmente muy bien descripta por Robert Farrar Capon en su libro *Between Noon and Three: Romance, Law, and the Outrage of Grace (Entre las Doce y las Tres: Romance, Ley, y lo Intolerable de la Gracia).* Capon quiere estar seguro de que notemos que en Romanos 5:8 no dice "Cristo murió por nosotros," sobre la condición de que después de un período de tiempo razonable seremos el tipo de persona por la cual ninguno tendría que haber muerto en primer lugar. De lo contrario, todo el trato se termina."[27] No hay un trato. Solamente está la gracia.

Capon es un apasionado acerca de esto como lo es Pablo. Los dos quieren que nosotros entendamos que, si el pecado continúa, *la gracia aún abunda*. El grito de la "permisividad," queda en un grito, pero usted no puede escaparse de un amor que no lo dejará ir, así que estamos seguros, no seguros tanto como nos portemos bien, sino seguros sin ninguna calificación. No hay nada que pueda separarnos del amor de Cristo, quien a propósito, otra vez, morirá por el impío. La gracia no es la salvación por la perfección moral.

Cuando Jesús dice que su yugo es suave y su carga liviana, no está bromeando. El no está tratando de ponernos de rodillas o bajo control. El es dócil y modesto de corazón, y esa es la cosa más lejana en su mente. Lo que Jesús quiere hacer es comunicarnos descanso a nuestras almas. Necesitamos poder jugar así como también trabajar.

"Por lo tanto ya no hay ninguna condenación para los que están unidos en Cristo Jesús." Esta última declaración de gracia en Romanos 8:1 pone a la gente a la defensiva. ¿Por qué? Estamos tentados en decir que tal gracia es un lindo sentimiento, una fantasía, pero ahora es el tiempo de volver a casos de la ley moral, la perfección de la vida espiritual individual o a la áspera realidad de la vida en el mundo. En cambio, Pablo afirma rotundamente que esa gracia es incondicional.

Lo qué nos hace sentirnos a la defensiva es que el regalo incondicional de la gracia también nos da el incómodo regalo de la libertad. Usted y yo somos libres. Libres. ¿Qué planea hacer? Usted es "realmente libre. Libre para siempre… Ley, Pecado, Culpa, Responsabilidad—todo rueda sobre su espalda como lluvia sobre piedra de sepulcro,"[28] porque el antiguo yo esta muerto, puesto a morir por la graciosa presencia de Cristo mediado por los sacramentos del pan y el vino, por otras personas (aún aquellos que no nos agradan o respetamos), por la tierra y hasta nuestro yo profundo.

Buechner apunta en su definición de justificación que:

> En un momento en su vida cuando al menos tenía razón para esperarlo, Pablo se asombró con la idea que no importa quien es usted ni lo que ha hecho, Dios lo quiere a su lado. No hay nada que usted tenga que hacer o ser. Está en la casa. Va con el territorio. Dios lo ha "justificado," lo ha alineado. Sentir esto de algún modo en sus huesos es el primer paso en el camino para ser salvado... solo el darse cuenta de lo sagrado y santificada existencia de su propia vida.[29]

La existencia de la gracia es una manifestación de que Dios está en nosotros. El resultado es movimiento si esfuerzo, el juego de la vida. No seremos más torpes, intentándolo mucho y tropezando. Es en este punto agraciado que quisiera sugerir que encontraremos el juego en su forma más auténtica en Jugar Junto a Dios.

El caos despierta ansiedad y torpeza, mientras que el ser demasiado ordenado despierta aburrimiento y frustración. El balance correcto entre el caos y la rigidez, un balance diferente en cada persona, resulta en una fluidez graciosa que hace a la persona feliz en una manera creativa y enérgica. Este flujo puede ser concebido en términos sicológicos, como lo hizo Csikszentmihalyi[30], o en términos del orden auto-emergente erigiéndose desde el caos, como lo hace la física. También puede ser concebido como juego. Cuando el jugar incluye a Dios como la Trinidad—la relación con el Creador, la Palabra que crea y nos recrea con palabras y acciones humanas, y el Espíritu Creador interior—tenemos a un gracioso Jugar Junto a Dios. También tenemos una experiencia integradora la cual viene desde el interior y el exterior para hacernos completos y vencer al mal que nos fragmenta.

REFLEXION: JUEGO, SEUDO-JUEGO Y GRACIA

Usted puede querer hacer una pausa y reflexionar sobre su propia experiencia y comprensión del juego:

- ¿Cuál fue una manera típica de jugar cuando tenía cinco años de edad? ¿Cuándo tenía diez años? ¿Cuándo tenía veinte años? ¿Y en los últimos cinco años?

- ¿Cuándo yo era niño, qué mensajes escuché sobre jugar de mis padres? ¿De mis profesores? ¿De mis hermanos? ¿De mis amigos?

- ¿Puedo identificar cualquier seudo-juego que tuvo lugar en mi educación religiosa o secular? ¿Qué palabras y acciones puedo recordar de ese seudo-juego?

- ¿Puedo identificar juego genuino que tuvo lugar en mi educación religiosa o secular? ¿Qué palabras y acciones puedo recordar de ese juego genuino?

- ¿Puedo recordar una o más experiencias de gracia en mi vida? ¿Qué cualidades de jugar puedo identificar ahora en esa experiencia? (Si es necesario, referirse a la descripción de cinco partes del jugar en la página 43)

CAPÍTULO 4
LAS TUERCAS Y TORNILLOS DE JUGAR JUNTO A DIOS

TRAYENDO A DIOS A LA HISTORIA

Una mañana de domingo durante Cuaresma, narré una porción de la historia Los Rostros de Cristo a cerca de dieciséis niños, con edades entre los tres y once años. En las preguntas, pregunté a los niños si había algo en el salón que podríamos traer a la historia para que nos ayudara a contarla mejor. Los niños trajeron muchos objetos de las historias en los estantes y los colocaron junto a la otra en el suelo.

Luego, un niño pequeño de apenas seis años dijo, "Podríamos traer a Dios a la historia." Sorprendida por esta sugerencia dije, "¿Me pregunto cómo podríamos traer a Dios a la historia?" El respondió, "Bueno, necesitamos estar en silencio y rezar." A su sugerencia, todos los niños juntaron sus manos e inclinaron y sus cabezas. Después de un momento de silencio el pequeño niño dijo, "Amén," y luego dijo, "Dios está aquí." Yo fui entonces simplemente un participante con los otros niños, bajo el inspirado liderazgo de este niño y completamente asombrada de su supervisión de silencio.

—Sharon Greeley, Entrenadora de Jugar Junto a Dios

Si usted ha venido disfrutando de las reflexiones y lecturas guiadas de este libro, usted tal vez ya está convencido que jugar con Dios (o mejor dicho, jugar junto a Dios) es de la máxima importancia: el gran juego digno de jugar. ¿Pero cómo usted hará Jugar Junto a Dios? Ahora es tiempo de hablar sobre las tuercas y tornillos: como manejar el tiempo, espacio y relaciones en una presentación de Jugar Junto a Dios.

En una presentación de Jugar Junto a Dios, nosotros manejamos el tiempo, así que los niños que ingresan en el salón entran en el tiempo *kairos*, tiempo que es a la vez ordenado y relajado. Los niños que vienen semana tras semana aprenden que aquí nadie los va a apresurar. Nadie les va a decir que ellos tienen que terminar su trabajo "a tiempo." Los maestros de Jugar Junto a Dios aprenden a decir con convicción, "tenemos todo el tiempo que necesitamos." Este tipo de tiempo ordenado y relajado es el regalo que los místicos a través de los siglos se han dado, para experimentar su oración juguetona con Dios.

En una presentación de Jugar Junto a Dios, nosotros manejamos el espacio, así los niños que entran en el salón se encuentran rodeados por el lenguaje de los Cristianos en toda su riqueza hermosa y *perceptible* a los sentidos. La primera cosa que ellos ven, justo enfrente de la puerta, son los estantes centrales con la Sagrada Familia, el Cristo Resucitado, la Luz

Bautismal y el Buen Pastor con sus ovejas. Otros estantes tienen las historias sagradas del Pueblo de Dios y las cajas doradas de las parábolas, cada una un mundo en sí mismo. Todo esta al alcance de los niños para proclamar, sin palabras, "Este lugar, y todo lo que hay en el, es para ti. Tu perteneces a este lugar."

En una presentación de Jugar Junto a Dios, alimentamos las relaciones—esto es, nos manejamos en el orden de apoyar la relación saludable de los niños en la comunidad. Los niños que ingresan en el salón experimentan un lugar donde ellos son aceptados por quienes son, no para ganarse la aprobación o los elogios de un adulto. A través de acciones repetidas y respuestas que ofrecen invitaciones, respeto y dan poder, los niños vienen a experimentar los principios de ética del Pueblo de Dios cumplidos en cada interacción. El mensaje que damos es, "Tú eres capaz. Tú puedes elegir tus propios materiales y cuidarlos. Tú puedes limpiar tus propios derrames. Tu puedes pedirle a alguien para compartir, y puedes aceptar un no por respuesta. Tú puedes hacer buenas elecciones. Tú eres un miembros amado y responsable de esta comunidad."

En el Capítulo 5, exploraremos diferentes entornos en los cuales Jugar Junto a Dios puede ser utilizado, pero en este Capítulo exploraremos su entorno más típico: el Salón de Clases de educación religiosa, un lugar especialmente preparado en el cual dos maestros guían la sesión, dando tiempo a los niños:
- para entrar al lugar y ser bienvenidos
- para prepararse para la presentación
- para entrar en una presentación basada en una parábola, historia sagrada o acción litúrgica
- para responder a la presentación a través de preguntas compartidas
- para responder a la presentación (u a otro asunto espiritual significativo) con su propio trabajo, con arte expresivo o con los materiales de las lecciones
- para preparar y compartir una comida
- para despedirse y dejar el lugar

Para ayudarnos a entender lo que es Jugar Junto a Dios, también podemos darnos cuenta de lo que *no* es. Primero, Jugar Junto a Dios *no* es un programa completo para niños. Fiestas de Navidad, escuela de vacaciones de la Biblia, el coro de los niños, grupos de niños y jóvenes, retiros de padres e hijos, salidas al campo, oportunidades de servicio y otros componentes de un completo y vibrante ministerio de los niños son todos importantes y no son una competencia para Jugar Junto a Dios. En lo que contribuye Jugar Junto a Dios para la gloriosa mezcla de actividades es en el corazón de la cuestión, el arte del conocimiento y en el conocimiento de como usar el lenguaje del pueblo Cristiano para encontrar el significado sobre la vida y la muerte.

Jugar Junto a Dios es diferente de cualquier otro enfoque del trabajo de los niños con las escrituras. Un enfoque popular es divertirse con las escrituras. Ese, es un enfoque que podremos encontrar en muchos desfiles de escuelas en iglesias, escuelas de la Biblia de vacaciones, de música, y otras actividades de los niños. Una familia reunida necesita a veces ser pueril, así que divertirse con las escrituras está bien, pero los niños también necesitan experiencias profundamente *respetuosas* con las escrituras, así, se adentrarán totalmente en su poder. Si dejamos de lado el corazón de la cuestión, nos arriesgamos a trivializar el modo de vida Cristiano y a transformar a su lenguaje en superficial.

¿ CÓMO HACER JUGAR JUNTO A DIOS?

En tiempos antiguos, la Biblia no era un libro. Eran historias, la mayoría narradas alrededor de la hoguera en un campamento. Los niños se acurrucaban con sus familias extendidas. El frío y la oscuridad eran empujadas lejos por la luz y el calor del fuego y la comunidad. Los niños escuchaban, aún si estaban medio dormidos, los cuentos de los ancianos. Ellos aprendieron como hacer esto por costumbre. Los niños de hoy en día están más acostumbrados a cambiar estaciones en un aparato de televisión. La habilidad para escuchar profundamente con asombro se ha perdido. Necesitamos enseñar esto otra vez, entonces vamos a explorar ahora como logra esto Jugar Junto a Dios de una manera paso a paso.

Cuando esté haciendo Jugar Junto a Dios, *sea paciente*. Con el tiempo, su propio estilo de enseñanza, transmitido por la práctica de Jugar Junto a Dios, emergerá. Hasta si usted está utilizando otro sistema de estudio en la escuela de su iglesia, puede empezar a incorporar Jugar dentro de su práctica—comenzando con elementos tan simples como el saludo y la despedida.

Preste cuidadosa atención del ambiente que proporciona a los niños. El ambiente de Jugar es un ambiente "abierto" en el sentido que los niños pueden hacer elecciones genuinas respecto a los materiales que utilizan y el proceso por el cual ellos trabajan hacia metas compartidas. El ambiente de Jugar Junto a Dios, es un ambiente "limitado" en el sentido que los niños son protegidos y guiados para hacer decisiones constructivas.

Como maestros, fijamos límites consolidados para el ambiente de Jugar Junto a Dios manejando el *tiempo, el espacio y las relaciones* de una manera clara y firme.

COMO MANEJAR EL TIEMPO
UNA SESION IDEAL

En su escenario de investigación, una sesión completa de Jugar Junto a Dios toma aproximadamente dos horas. Sin embargo, las escuelas de iglesia pueden proporcionar tan poco como cuarenta y cinco minutos para una sola sesión. Primero, describiremos una sesión ideal, luego haremos sugerencias para la "hora de cuarenta y cinco minutos." Una sesión ideal tiene cuatro partes, cada parte hace eco de la manera en que la mayoría de los cristianos organiza su culto en conjunto:

APERTURA: ENTRANDO EN EL LUGAR Y CONSTRUYENDO EL CÍRCULO
En la Entrada

El narrador se sienta en el círculo, esperando la entrada de los niños. El portero ayuda a los niños y a los padres a separarse fuera del salón, y ayuda a los niños a "disminuir la velocidad" mientras van ingresando en el mismo. También anima a los padres a permanecer fuera del salón, así el salón en sí mismo puede mantenerse centrado en los niños. (Usted encontrará un folleto de ayuda para los padres que les explicará los principios de Jugar Junto a Dios en *La Guía Completa para Jugar Junto a Dios, Volumen 2).*

El portero saluda a cada niño afectuosamente, luego pregunta, "¿Estás preparado/a?" Esto comienza el diálogo que nosotros queremos ofrecer a todos los niños en cada sesión de Jugar Junto a Dios. Nosotros invitamos a los niños a entrar, y dejamos que el niño decida dentro de los límites si el o ella esta listo/a para entrar. Cuando el niño está listo, el portero puede decir, "Bueno. Camina cuidadosamente hacia el círculo, y el narrador te ayudará a encontrar el lugar correcto para sentarse."

Cuando el niño ha entrado, y es el momento de comenzar la lección, el portero cierra la puerta. (Si hay personas ayudando que han traído provisiones para la fiesta, el portero coloca una nota en la puerta con el conteo de los niños para la fiesta de ese día.) Si niños llegan tarde, el portero los ayuda mientras se sientan junto a la puerta hasta que la lección y las preguntas hayan terminado. En ese momento, los niños que han llegado tarde pueden ir hacia el narrador por sus propias preguntas.

Por otro lado, el portero puede saber que un niño en particular será probablemente capaz de ingresar en el círculo sin perturbar la lección o las preguntas.
Ese niño es enviado directa y silenciosamente a unirse al círculo.

Construyendo el círculo

Así como los niños llegan al círculo, el narrador ayuda a cada uno de ellos a encontrar un buen lugar para sentarse. Su conocimiento de las necesidades de los niños, lo ayudará a construir un círculo efectivamente. Si hay niños que encuentran que es fácil prepararse y mantener la atención, colóquelos en lugares donde puedan ayudar siendo modelos para los otros de ese comportamiento en el círculo: directamente enfrente o junto a usted. Si hay niños que necesitan un mayor apoyo para prepararse y mantener su atención, encuentre lugares para ellos que estén cerca de usted, pero no junto a usted, así podrá verlos.

Tómese su tiempo para dar la bienvenida a los niños y para ayudarlos a encontrar un lugar. Preste atención a sus novedades, y disfrute del placer de las "pequeñas charlas" mientras construye el círculo. Cuando el portero cierra la puerta, ayude a los niños a prepararse para la lección del día. "Es tiempo de prepararnos para nuestra historia." Muestre a los niños como sentarse con sus piernas cruzadas y sus manos descansando sobre los tobillos. ¿Los niños pequeños podrán mantener esta posición mucho tiempo? No. Pero *es* una posición que pueden practicar y regresar a ella cuando sea que usted diga, "Es tiempo de prepararnos." Cuando los niños están listos, el narrador hace una pausa para respirar y centrarse antes del comienzo de la historia.

ESCUCHANDO LA PALABRA DE DIOS: PRESENTACIÓN, PREGUNTA Y RESPUESTA

Presentación

Sobre la pared hay colgado un gran Círculo del Año de la Iglesia con una flecha o manecilla que apunta hacia los diferentes colores del año de la Iglesia. El narrador primero invita a un niño a mover la manecilla del "reloj" de la Iglesia, que esta en la pared, al siguiente bloque coloreado. (A veces, cuando las estaciones tienen un número impredecible de semanas, tal como la estación posterior a Navidad, el narrador necesita preparar el reloj *antes* de la sesión moviendo la manecilla del reloj hacia el bloque *antes* de corregir el color para la sesión del día.)

Si el color es uno nuevo, mostrando un cambio en la estación, el narrador cambiará entonces el color del paño que está debajo de la Sagrada Familia. (Esta presentación se repite en cada *volumen del 2 al 4*.) Esto lleva la atención de los niños hacia la Sagrada familia, el centro del estante superior de los estantes centrales detrás del narrador.

Luego, el narrador presenta la lección del día; una historia sagrada, una parábola o una acción litúrgica, de acuerdo con el calendario y a la preparación del narrador. Si el narrador no ha preparado la lección, es mejor ofrecer a los niños una sesión de trabajo o narrar otra vez una historia que sea bien conocida que leer desde un guión preparado una historia que no le es familiar. Si usted lee la lección, usted estará mostrando que la verdadera lección es lo escrito en el papel, y que usted no está viviendo esa presentación.

El narrador comienza diciendo, "Miren hacia adonde voy para traer esta lección." Aún si la lección está justo detrás de usted, es mejor caminar alrededor del salón buscándola e ir describiendo lo que está haciendo. Esto le da un modelo a los niños del proceso de encontrar una lección en particular. "Veamos... estas son cajas doradas de parábolas, no está aquí... aquí están los Libros de la Biblia... Aaa, aquí está, sobre los estantes de las historias sagradas. Si el narrador necesita un tapete, el o ella la tomará de la caja de tapetes, abrazándola y diciendo, "Nosotros abrazamos a nuestros tapetes, porque amamos mucho nuestro trabajo."

Durante la historia, el narrador mantiene a sus ojos enfocados en los materiales—no en los niños. Esto es diferente de algunas tradiciones en la narración, donde el narrador mira directamente a los ojos de los escuchas. En Jugar Junto a Dios, ambos, el narrador y los niños entran a la historia que encarnan tan completamente como sea posible. Manteniendo sus propios ojos sobre el material en el centro del círculo los ayudará a desaparecer dentro de la historia que está plasmando. (Una excepción puede ser cuando maneje interrupciones en el círculo. Vea más abajo: "Como Responder Efectivamente a las Interrupciones en el Círculo," página 69.)

Preguntas

Al final de la presentación, el narrador se sienta silenciosamente a disfrutar la historia que ha mostrado, y luego eleva su mirada para enfocarse ahora en la relación con los niños. El narrador invita a los niños a hacerse preguntas sobre la lección. "Me pregunto, ¿qué parte de la lección les gustó más? Es un ejemplo de una pregunta. No hay contestaciones predeterminadas a una pregunta. Como maestros de Jugar Junto a Dios nuestro trabajo es apoyar el proceso de preguntas, no aprobar o desaprobar respuestas específicas. Las preguntas de los niños emergen de sus propias vidas, su relación con Dios y de su participación en la lección. Dejen que Dios esté allí. Permitan que su poderoso lenguaje haga su trabajo. Confíen en la búsqueda de los niños para encontrar lo que ellos necesitan con Dios y las escrituras.

Cada tipo de presentación (historias sagradas, parábolas y acciones litúrgicas) tiene su propio tipo de preguntas. Las historias sagradas son historias que nos invitan a reclamar nuestra identidad como uno del Pueblo de Dios. Una pregunta importante de las historias sagradas es: "¿Me pregunto dónde están ustedes en esta historia, o qué parte de la historia es acerca de ustedes?" Las parábolas son breves narrativas que desafían nuestra visión de la vida diaria. Una pregunta importante para las parábolas es: "¿Me pregunto que podrá ser realmente esta semilla (perla, árbol, etc.)?" Las presentaciones de acciones litúrgicas nos invitan a integrar nuestra vida con el culto de los cristianos. Una pregunta importante para las acciones litúrgicas es: "Me pregunto si, ¿alguna vez estuvieron cerca de este color (agua, luz, etc.) en la Iglesia?"

Dependiendo de la edad y personalidad de los niños o de la disposición de la lección, usted podrá escuchar muchas respuestas a las preguntas o casi ninguna. Los niños pueden estar preguntándose en silencio sin querer hablar en voz alta. No apresure el proceso de las preguntas, y no se preocupe de haber fallado porque hay mucho silencio. El silencio es también una parte profunda del sistema de lenguaje Cristiano, así que es apropiado experimentarlo en un salón de clases de Jugar Junto a Dios y sentirse cómodo con eso.

Cuando las preguntas se terminan, el narrador guarda el material, siempre siendo un modelo para los niños en referencia al amor y respeto por y para estos materiales. Luego el narrador ayuda a los niños a elegir su trabajo para ese día. Este "trabajo' profundamente relacionado con el juego expande sus respuestas, hacia ambas direcciones, hacia la lección y hacia los otros eventos en sus vidas.

Respuesta

El narrador recorre el círculo invitando a cada niño a elegir su trabajo para el día. Los niños pueden elegir trabajar con una historia que ya han escuchado, trabajar con materiales artísticos, finalizar un proyecto iniciado en una sesión anterior, trabajar con materiales de limpieza o hasta tomar una siesta. (De hecho, si usted se da cuenta que un niño está somnoliento, puede alentarlo a que tome una alfombra o tapete y encuentre un lugar para descansar.)

Los niños que saben lo que quieren son despedidos del círculo, uno a la vez, para sacar su trabajo. Si un niño no está seguro, apoye sus cavilaciones diciendo, "puedes tomarte más tiempo para pensar sobre lo que quieres hacer. Regresaré en un momento contigo." Apoye también a los niños que están esperando por su turno para preguntar. "Esperar puede ser un trabajo muy difícil. Estás haciendo un gran trabajo esperando tu turno. Piensa en lo que vas a elegir mientras esperas tu turno."

El portero apoya a los niños mientras estos sacan su trabajo, sean materiales de narración, artísticos o materiales de limpieza. El portero no saca el trabajo para los niños, pero está listo para modelar competencia y apoyo a los niños que están aprendiendo a utilizar las pinturas o el plumero. Mientras los niños trabajan, algunos pueden permanecer con el narrador que puede presentarles otra historia para ellos. Este grupo más pequeño está conformado por aquellos que aún no pudieron elegir un trabajo por si mismos.

COMPARTIENDO LA COMIDA: PREPARANDO LA COMIDA Y COMPARTIÉNDOLA EN RECREO SANTO

Cuando es casi la hora para la comida, el narrador va hacia el interruptor de la luz y las apaga, una señal discreta y tranquila para los niños. "Déjenme ver vuestros ojos. Bien. Necesito hablarles a todos a la vez. Es tiempo de guardar el trabajo que están haciendo. No necesitan apresurarse, pero deben hacerlo ahora. Cuando hallan terminado, vengan al círculo así podremos tener nuestra comida." Luego, el narrador vuelve a encender las luces. (Si el salón no tiene luz natural, solamente apague una luz para esta señal, no todas las luces.)

El narrador usualmente permanece en el círculo, para luego, dar la bienvenida a los niños en su regreso al círculo para la comida, uno por uno. El portero ayuda a los niños mientras estos limpian su trabajo y lo guardan. Otra vez, el portero no hace este trabajo en lugar de los niños, pero los ayuda a aprender los procedimientos del salón por sí mismos.

La gente de la comida para el programa de Jugar Junto a Dios deberían tener ya un carro fuera de la puerta con la comida del día preparada: una bandeja con vasos, llenos por la mitad con jugo; un plato con un tentempié y una cesta con servilletas. El portero ayuda a tres niños a preparar la comida para que los niños la compartan.

Uno de los servidores despliega una servilleta enfrente de cada niño. Otro de los servidores coloca un vaso de jugo de la misma manera. El tercero, coloca los tentempiés (galletitas saladas, frutas, pan o galletitas) enfrente de cada niño. Un niño que no desea algo de lo que se está sirviendo dice: "No, gracias." Usted no necesita ofrecer un tentempié adicional en reemplazo, pero un niño que no quiere el jugo del día puede tener un vaso de agua en su lugar.

El narrador apoya a los niños en espera hasta que todos han sido servidos y se halla dicho la oración. "Bien. Esperaremos a todos. Una comida es más divertida cuando la compartimos todos juntos." El narrador invita a los niños a decir sus plegarias, y apoya su derecho a elegir el tipo de plegaria que quiera hacer (en silencio o en voz alta), o lo que quiera hacer como plegaria. Anime a los niños a terminar su turno diciendo en voz alta "Amén," así el niño siguiente sabrá que es su turno. Finalmente, el narrador dice la suya. Yo siempre digo, "Gracias, Dios, por estos niños maravillosos y por nuestra comida. Amén."

Después de la comida, los niños se limpian colocando sus servilletas dentro de sus vasos, siendo cuidadosos de dejar dentro de ellas las migas de la comida. Cada uno de los niños por turnos luego camina hacia la cesta de desperdicios para tirar su vaso, regresando al círculo para terminar la sesión.

DESPEDIDA: DICIENDO ADIOS Y DEJANDO EL LUGAR

El portero toma el liderazgo en ayudar a los niños a irse mirando con los padres que están fuera del salón esperando y que niños están listos dentro del mismo. Cuando un padre ha llegado por un niño que está listo, el portero dice su nombre suavemente.

El narrador extiende las dos manos hacia ese niño y lo invita a despedirse. El niño es el que elije lo que quiere hacer, si tomar las manos o no, dar un abrazo, o simplemente decir adiós sin ningún contacto. El narrador puede decir algo como: "Ha sido maravilloso tenerte aquí en el día de hoy. Me ha hecho feliz solo el ver tu cara entre nosotros. Regresa siempre que puedas."

El portero recuerda al niño que lo olvide, regresar al narrador para una despedida. El niño puede despedirse o no del portero en su impaciencia por reunirse con sus padres.

Este es el final de la sesión para los niños, pero idealmente el narrador y el portero deberán, al menos ocasionalmente, compartir más tiempo en el salón. Esta inversión de tiempo profundizará y enriquecerá el programa. Primero, cada maestro se sienta en silencio y reflexiona sobre la sesión como un todo. Luego, cada maestro se toma tiempo para hacer notas sobre la misma. Aparte de las anotaciones comunes, tales como hacer la lista de los niños que escucharon la historia del día, los maestros pueden hacer anotaciones de sus impresiones sobre los momentos más desafiantes y de los momentos más preciados de la sesión. Finalmente, pueden compartir sus impresiones y hacer una evaluación de la misma. ¿Qué funcionó mejor? ¿Qué podríamos hacer diferente en una sesión futura?

SI SOLO DISPONE DE LOS FAMOSOS "CUARENTA Y CINCO MINUTOS" PARA LA EDUCACION RELIGIOSA

En el escenario de investigación, la apertura, presentación de la lección y las preguntas en voz alta deberían llevar aproximadamente media hora. La respuesta de los niños a la lección a través del dibujo, el volver a contar y otras formas de trabajo deben tomar aproximadamente una hora. La preparación para la comida, la comida y la despedida llevan otra media hora aproximadamente.

En un escenario típico de educación religiosa, sin embargo, usted podría tener probablemente un tiempo limitado para su sesión—tan poco como cuarenta y cinco minutos en lugar de dos horas. Con cuarenta y cinco minutos de sesión, usted tiene varias opciones:

ENFOCARSE EN LA COMIDA

A veces a los niños les lleva mucho tiempo prepararse. Si usted necesita quince minutos para construir el círculo, puede moverse directamente a la comida, dejando tiempo para una despedida recreativa. No debe defraudar a los niños. La calidad del tiempo y las relaciones que experimentan los niños dentro del lugar son la lección más importante presentada en una sesión de Jugar Junto a Dios.

ENFOCARSE EN LA PALABRA

La mayoría de las veces, solo tendrá tiempo para una sola presentación, incluyendo tiempo para que los niños y usted respondan a la lección haciendo las preguntas. Finalizando con la comida y luego el ritual de la despedida. Porque los niños no tendrán tiempo de hacer un trabajo de respuesta, sugerimos que cada tres o cuatro sesiones, omita cualquier presentación y se enfoque en el trabajo en sí mismo (vea abajo).

ENFOCARSE EN EL TRABAJO

Si usted usualmente pasa directamente desde la presentación a la comida, entonces cada tres o cuatro sesiones, sustituya una presentación por una sesión de trabajo. Primero, construya el círculo. Luego, sin hacer una presentación, ayude a los niños a elegir su trabajo para ese día. Deje tiempo suficiente al final de la sesión para compartir la comida y la despedida.

PLANIFICANDO EL AÑO DE LA IGLESIA

Hemos simplificado la planificación anual presentando las lecciones en un orden sugerido de presentación estacional.

En otoño, una sesión de apertura sobre el año de la Iglesia es seguida por las historias del Antiguo Testamento, desde la creación hasta los profetas. En invierno, presentamos la temporada de Adviento y las Fiestas de Navidad y Epifanía, seguida por las parábolas. En primavera, presentamos los rostros de Cristo durante la Cuaresma, seguido por las presentaciones de la Pascua, preparación para el Pentecostés, la Eucaristía y la Iglesia en sus primeros años.

No todos los grupos podrán—¡o deberían!—seguir este orden sugerido. Algunas posibles excepciones son:
- Grupos con sesiones cortas regulares necesitarán sustituir presentaciones por sesiones de trabajo cada tres o cuatro domingos.
- Si el narrador no se siente cómodo con una presentación en particular, recomendamos sustituir la presentación de ese día por una sesión de trabajo.
- Dentro de una sesión de trabajo, un niño puede requerir la repetición de una presentación anterior. Otro, puede hacer una pregunta que nos lleva a una lección de enriquecimiento; por ejemplo, "¿Por qué tenemos cruces en la Iglesia?". Ese es un "momento de enseñanza", que nos obliga a sacar la caja de las cruces.

Los Volúmenes 2, 3 y 4 de la *Guía Completa para Jugar Junto a Dios,* ofrecen programas de ejemplo para la estación que cubren. Refiérase a esos volúmenes al planificar su año de la Iglesia.

COMO MANEJAR EL ESPACIO
PREPARÁNDOSE PARA COMENZAR

Para comenzar, enfóquese en las relaciones y acciones que son esenciales para Jugar Junto a Dios, más que en tener los materiales necesarios en un salón de Jugar Junto a Dios totalmente equipado. Sabemos que no todas las parroquias pueden destinar fondos generosos para la educación cristiana, pero yo creo que Jugar Junto a Dios es tan valioso para comenzarlo con el más simple de los recursos. Sin ningún material, dos maestros pueden generar un espacio de Jugar Junto a Dios que acoja a los niños, donde compartan una comida y una bendición de despedida, cada semana. Con materiales para una historia y unas pocas latas de lápices de colores de cera o marcadores, los maestros pueden presentar una sesión completa de Jugar Junto a Dios.

Cuando comencé a enseñar Jugar Junto a Dios, todo lo que tenía era un salón vacío. En él, coloqué un tablero pintado de amarillo sobre el suelo, bloques ceniza sobre ese y otro tablero para hacer un juego de estantes. En el medio del estante superior, estaba una caja de zapatos con las figuras para la parábola del Buen Pastor, que había cortado de una cartulina. (¡Todavía tengo esos cortes y aún los utilizo!) Pinté las cajas de dorado con la pintura en aerosol, para que no luciera como una simple caja de zapatos, pero la impresión de la misma aún podía adivinarse a través de la pintura. Tuve que pintarla otra vez, y narré la historia.

La semana siguiente ya había hecho un Círculo del Año de la Iglesia del llamado papel de construcción para maquetas o cartulina dura. En la tercera semana no tuve tiempo para hacer nuevos materiales, así que repetí la parábola del Buen Pastor. A través del año, llené esos estantes con más materiales caseros para las lecciones. Gradualmente, cuando más dinero y tiempo estuvieron disponibles, mejoré esos materiales por otros cortados desde espuma plástica. Ahora, el salón que utilizo en Houston para la investigación de Jugar Junto a Dios está totalmente equipado con los materiales hermosos en madera de Jugar Junto a Dios, pero el comienzo más importante de un ambiente exitoso para Jugar Junto a Dios es el cultivo de las relaciones apropiadas en un lugar seguro.

Si usted está comenzando Jugar Junto a Dios en su Iglesia, usted tendrá que considerar un rango de decisiones claves. Algunas iglesias querrán meterse de lleno con salones totalmente equipados. Otras iglesias comenzarán de manera más cautelosa utilizando el estilo del manejo de salón de clases de Jugar Junto a Dios junto con la educación curricular que sea que estén ya utilizando en ese lugar. Con el paso del tiempo, incorporarán más materiales y elementos dentro de su programa hasta que hayan hecho la transición por completo a los programas de Jugar Junto a Dios.

Aquellos que están comenzando un nuevo programa de Jugar Junto a Dios para su iglesia, pueden utilizar la lista de control proporcionada para guiarlos en su planificación.

PLANIFICANDO PARA JUGAR JUNTO A DIOS

Utilice esta lista de control mientras planifica sus programas de Jugar Junto a Dios.

ESTUDIANTES
- [ ] grupos de edad
- [ ] asistencia promedio esperada
- [ ] número de clases/grupos

MAESTROS
- [ ] narradores
- [ ] porteros
- [ ] sustitutos
- [ ] entrenamiento/apoyo necesario

PERSONAS DE APOYO
- [ ] gente para proveer suministros
- [ ] gente para la comida
- [ ] gente para los materiales (carpinteros, artistas, etc.)

SALONES
- [ ] ¿exclusivos o compartidos?
- [ ] iluminación
- [ ] color de las paredes
- [ ] alfombras
- [ ] persianas y cortinas para las ventanas
- [ ] unidades de estantes
- [ ] caja de tapetes
- [ ] lugar para guardar el trabajo de los niños (proyectos en 2 dimensiones, ej. Pinturas, y trabajos en 3 dimensiones, ej. esculturas)

HISTORIAS
- [ ] ¿en que semanas se darán las clases?
- [ ] ¿qué historias serán contadas? ¿cuándo?
- [ ] ¿en qué semanas tendré sesiones
- [ ] ¿qué materiales compraremos? ¿cuáles haremos?
- [ ] ¿cómo guardaremos los materiales?

MATERIALES
- [ ] para trabajo escrito
- [ ] para las respuestas artísticas (pinturas, tizas, marcadores, etc.)
- [ ] artículos de limpieza
- [ ] recipientes para guardarlos
- [ ] bandejas
- [ ] tapetes

SUMINISTROS PARA LA COMIDA
- [ ] útiles de papel (vasos, servilletas)
- [ ] jugos
- [ ] galletitas saladas
- [ ] frutas
- [ ] artículos especiales

PRESUPUESTO
- [ ] decoración/amueblamiento del salón
- [ ] materiales para las historias
- [ ] bandejas/cestas (para las historias)
- [ ] tapetes/bandejas (para que los niños trabajen con ellas)
- [ ] artículos para la comida
- [ ] materiales
- [ ] entrenamiento para maestros
- [ ] regalos (Navidad, Pascua, fin de curso, etc.)
- [ ] miscelánea

FONDOS
- [ ] presupuesto de la iglesia
- [ ] donaciones/contribuciones
- [ ] recaudación de fondos
- [ ] trabajo, materiales y artículos donados

ADMINISTRACIÓN
- [ ] coordinador
- [ ] comité

PROMOCIÓN
- [ ] relación con la iglesia
- [ ] introducción/promoción para:
  - padres y abuelos
  - niños
  - comunidad

MATERIALES

MATERIALES PARA LAS PRESENTACIONES

En los Volúmenes 2, 3 y 4 de la Guía Completa para Jugar Junto a Dios, en el comienzo de cada lección se enlistan los materiales que necesita, luego explora con gran detalle los materiales en la sección titulada Notas sobre los Materiales.

Hay unos pocos materiales que usted va a necesitar para todas las estaciones, otoño, invierno y primavera:

- el Círculo del Año de la Iglesia (colgante de pared)
- juego de figuras de la natividad (también llamadas la Sagrada Familia, incluyendo al niño Jesús separable de la cuna con los brazos extendidos, un pesebre, María, José, un pastor, una o más ovejas, un burro, una vaca y los tres Reyes Magos)
- paños en colores litúrgicos (blanco, púrpura o azul, rojo, verde)
- una figura del Cristo resucitado con los brazos extendidos

Usted puede hacer cualquiera o todos estos materiales, u ordenar hermosos y durables materiales artesanales para las lecciones a:

Morehouse Education Resources
4775 Linglestown Rd.
Harrisburg, PA 17112
(800) 242-1918
fax: (717) 541-8136
www.morehouseeducation.org

MATERIALES PARA EL TRABAJO DE LOS NIÑOS

Reúna los materiales de dibujo que los niños pueden utilizar para sus respuestas artísticas. Estos materiales están guardados en los estantes de dibujo. Sugerimos:

- papel en dos tamaños (9" y 12" y al menos 18" y 24")
- bandeja de pinturas (fáciles de limpiar, con bordes)
- pinturas y pinceles
- delantales
- tableros de dibujo
- pasteles, lápices y marcadores
- tablas para modelar arcilla
- arcilla enrollada en pequeñas bolas en contenedores herméticos
- cesta con virutas de madera
- cesta con varios tipos de paños
- goma de pegar y una pequeña botella de pegamento líquido

Dibujo

Los materiales para dibujar incluyen papel para dibujos, marcadores de color, crayolas, lápices de colores y lápices. Los niños que quieran dibujar van a necesitar tableros de dibujo y el material de dibujo que ellos elijan. Proporcione una lata llena con marcadores y crayolas con toda la gama de colores para cada niño.

Pinturas

Las pinturas pueden ser "grandes pinturas" (témperas) o pequeñas pinturas (acuarelas). Cada una de ellas tiene su propia rutina para utilización y limpieza.

Guarde las *grandes pinturas* en vasos para pintura con tapa con huecos en la parte superior para los pinceles. Un niño que quiera trabajar con estas pinturas, primero necesitará un tapete de la caja de tapetes, y luego una bandeja plástica de pintura. En la bandeja, el niño colocará muchos colores diferentes de vasitos de pintura y un pincel en cada uno de ellos. Finalmente, el niño necesitará papel para colocar en la bandeja y un delantal para pintar.

Cuando llegue el momento de limpiar, el niño primero guardará las pinturas y el trabajo que haya realizado, luego tomará un equipo de limpieza (mantel plástico, cubo, jarra, esponja y paño) desde los estantes de limpieza. El niño colocará el mantel plástico en el piso junto a la bandeja y el cubo sobre el mantel. El niño utilizará la jarra para llenar el cubo hasta un lugar predeterminado, luego sumerge la esponja dentro del cubo tantas veces como sea necesario para lavar la bandeja y dejarla limpia. Finalmente, el niño utilizará un paño para secarla, y guardará los materiales de limpieza.

El término *pequeñas pinturas* se refiere a contenedores de acuarelas, seis u ocho recipientes en una línea. Mantenga a los pinceles pequeños para estas pinturas en su propia cesta. Un niño que quiera trabajar con estas pinturas pequeñas primero debe obtener un tapete de la caja de tapetes, luego una bandeja de pintura. Sobre la bandeja el niño colocará la línea de pinturas, un pequeño pincel, un recipiente con agua y papel. Mientras pinta, el niño cambiará el agua tantas veces como sea necesario para mantener las pinturas limpias.

Arcilla

La arcilla está enrollada en pequeñas bolitas, de esa manera el niño no utilizará toda la arcilla del contenedor para un proyecto. Un tablero para arcilla es también necesario. Los proyectos de arcilla pueden ser secados al aire libre, o algunos de ellos, pueden necesitar ser secados al horno para endurecerse más. La arcilla deberá ser blanca para poder pintarla luego de secada con colores intensos.

Finalmente, los materiales artísticos necesitan ser variados y atractivos, así el arte expresivo de los niños no serán inhibidos por una pequeña selección de medios o una presentación poco clara o sin atractivos para ellos. Una presentación hermosa de los materiales los invita a utilizarlos y a jugar.

MATERIALES PARA LA COMIDA

Usted necesitará:
- cesta de servilletas
- cesta para servir
- tazas (para ser llenadas por un adulto)
- bandeja (para los vasos o tazas, llevadas por los niños)
- jarra (para llenar los vasos)

- agua (para aquellos que no quieran jugo)
- tentempiés (frutas, galletitas saladas, galletitas dulces, etc.)

MATERIALES PARA LA LIMPIEZA

Reúna los materiales para la limpieza que los niños pueden utilizar para limpiar después de su trabajo y para el cuidado de su ambiente. Sugerimos:
- toallas de papel
- plumero
- cepillo y recogedor de basura
- paños de limpieza (guardados en una cesta limpia y en una cesta "sucia")
- una bandeja con esponjas y botellas de aerosol con agua
- cesto de basura con bolsa
- un equipo de reparaciones (papel de lija y pegamento en una cesta)
- una bandeja con líquido para lustrar o paños de lana o para lustrar
- una regadera o balde con agua para las plantas del salón

El trabajo de limpieza que los niños pueden hacer incluye dispolvar las estancias y materiales, regar las plantas, lavar los paños de limpieza, y limpiar con agua los superficies antes de pasar los paños de limpieza sobre ellos. Este trabajo no solamentes es entretenido para algunos niños sino una manera importante que entren en la obra de mayordomía. El salón de clase es un mundo pequeño. ¿Cómo aprenderán los niños cuidar al mundo más grande afuera si no los enseñamos ser buenos mayordomos aquí?

COMO ORDENAR LOS MATERIALES

Los materiales están ordenados para comunicar visual y silenciosamente el sistema de lenguaje de la fe Cristiana: nuestras historias sagradas, parábolas y nuestra acción litúrgica y silencio. Las presentaciones principales generalmente están guardadas en los estantes superiores. Las presentaciones de enriquecimiento están guardadas generalmente en el segundo estante. Los estantes inferiores se mantienen libres para materiales suplementarios, tales como libros, mapas u otros recursos. Estantes separados tienen los materiales para dibujo, limpieza y la comida. Un estante para el trabajo en progreso de los niños es también muy importante.

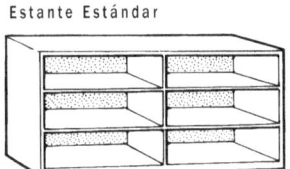

Estante Estándar

29" (alto) x 12" (ancho) x 60" (largo)

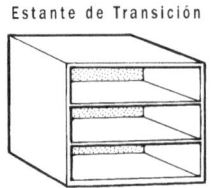

Estante de Transición

29" (alto) x 25" (ancho) x 24 1/2" (largo)

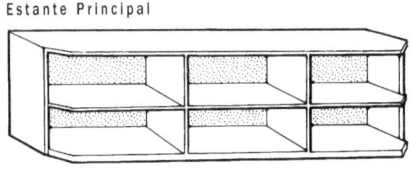

Estante Principal

25" (alto) x 18 1/4" (ancho) x 96" (largo)

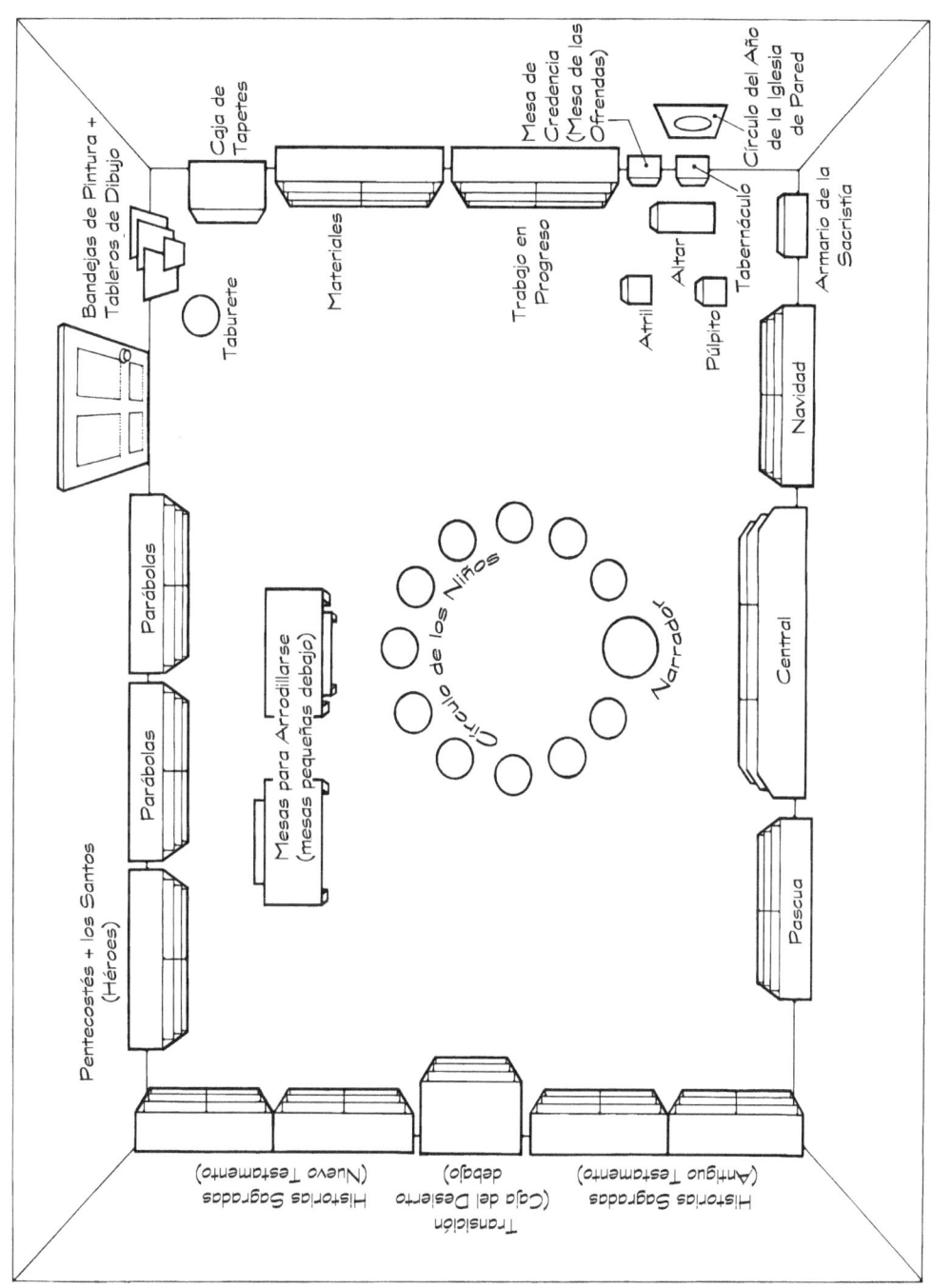

DÓNDE ENCONTRAR LOS MATERIALES

CÓMO MANEJAR LAS RELACIONES

Por supuesto, nosotros no manejamos las relaciones. Dicen los expertos en el manejo del tiempo que nosotros no manejamos el tiempo, sino que nos manejamos a nosotros mismos respecto al tiempo. Similarmente, cuando hablamos de manejar las relaciones estamos hablando sobre las maneras en las que manejamos nuestra preparación, tareas y respuestas en el orden de proporcionar una ambiente seguro y consistente para la comunidad de los niños.

Todo lo así llamado, manejo del salón de clases, es realmente el apoyo a la comunidad de los niños. Se eliminan tantas situaciones para que no dejen lugar para la mala conducta como sea posible, así cada niño se irá sintiéndose competente, confidente y profundamente feliz.

LOS DOS ROLES DE LA ENSEÑANZA: EL PORTERO Y EL NARRADOR

Cada rol de enseñanza fomenta el respeto por los niños y el espacio para Jugar Junto a Dios. Por ejemplo, los padres se quedan en la puerta del espacio para Jugar Junto a Dios y los maestros permanecen a la altura de los ojos de los niños. Ambas prácticas mantienen el cuarto centrado en los niños, en vez de centrado en los adultos. (Algún día, usted estará sentado en el piso y un adulto ingresará en el salón. ¡En ese momento, usted caerá en la cuenta de donde vienen tantas historias de niños acerca de gigantes!)

Similarmente, cuando el narrador presenta la lección, el o ella habla manteniendo la atención en los materiales de la lección, no en los niños. En lugar de animarlos a responder a un maestro, los niños son invitados, a través de los ojos del narrador, a entrar en la historia. A lo largo de la sesión, el narrador es el "ancla" del círculo de los niños, sea lo que sea que estén haciendo, preparándose para comenzar, ingresando en la historia, haciéndose preguntas en conjunto, eligiendo el trabajo, compartiendo la comida en la despedida.

El maestro que tiene su lugar junto a la puerta es difícil de nombrar, porque el o ella hace muchísimas cosas para que el proceso de una sesión de Jugar Junto a Dios avance. El tema en común que tienen estas actividades es los *umbrales*. La contribución de estas personas tienen mucho que ver con las transiciones—el ingreso al salón, el dejar el círculo para buscar el trabajo, el desplegar y el adentrarse en el arte expresivo, la dedicación a una lección elegida, el guardar los trabajos, la preparación y el servir de la comida, el guardar las cosas luego de ella, limpiar los derrames de los niños, el cuidado del salón, la despedida y la salida del salón.

Nombrar a la persona que está en la puerta es dificultoso porque su tarea es claramente mucho más que ser el que da la bienvenida o apoya la hospitalidad en el momento de la comida. El portero no es "el pesado" o el "policía." El "portero" o la "persona de la entrada" son nombres engorrosos o hasta ridículos. Yo elegí "portero" por ser suficientemente bueno por el momento. Algún día encontraremos el nombre correcto para este rol. ¡Tal vez, uno de ustedes lo descubra!

En una sesión típica de domingo, solo dos adultos se presentarán en el espacio de Jugar Junto a Dios: el portero y el narrador. Estas son sus respectivas tareas durante una sesión típica:

PORTERO	**NARRADOR**
Inspeccionar los estantes, especialmente los estantes de materiales y de dibujo.	Inspeccionar los materiales para presentar ese día.
Sacar la lista, revisar las notas y prepararse para dar la bienvenida a padres y niños.	Mantenerse sentado sobre el suelo en el círculo y prepararse para saludar a los niños.
Tranquilizar a los niños en su ingreso al salón. Podría tener que sacarles juguetes, libros u otros objetos que los puedan distraer. Ayúdelos a prepararse. Pase la lista o que el niño mayor lo haga.	Guiar a los niños a los lugares en el círculo dónde mejor podrán atender la lección. Mantenerse silencioso hasta que sea el momento de comenzar y todos estén listos.
Cerrar la puerta cuando sea la hora. Prepárese para atender a los que llegan tarde y a niños que lo requieran desde el círculo.	Presentar la lección. Sea el modelo de como ingresar los materiales.
Evitar el contacto visual casual con el narrador para ayudar a prevenir que los adultos en el salón vuelvan la atención de los niños hacia objetos, hablándoles de ellos o manipulándolos.	Llevar a los niños hacia la lección por su introducción. Baje la mirada para enfocarse en el material cuando comience la lección del día. Prepárese para el comienzo de las preguntas.
Cuando los niños elijan su trabajo, escúchelos para que pueda ayudarlos a sacar los materiales. Ellos necesitarán ayuda al comenzar con una ilustración y al sacar los materiales desde los estantes para trabajar en una lección, en cualquiera de los dos casos, solos o en grupo.	Después de la lección y las preguntas, de una vuelta alrededor del círculo, dejando que cada niño comience su trabajo, uno a la vez. Cada niño elige que hacer. De una vuelta rápidamente la primera vez, regresando al niño que no se ha decidido aún. Siga dando vueltas al círculo para ayudar en estas decisiones hasta que solo queden algunos—que pueden ser nuevos o por alguna otra razón no pudieron hacer una elección. Presente una lección a esos niños.
Mantenerse en su silla a menos que los niños necesiten su ayuda. No se entrometa en la comunidad de los niños. Quedarse al mismo nivel visual de los niños lo máximo que sea posible, como si hubiera un techo de cristal en el cuarto, a nivel de los niños más altos.	Mantenerse sentado en el círculo a menos que los niños necesiten ayuda con la lección que hayan sacado. Podrá necesitar ayuda con los materiales de dibujo. Manténgase al mismo nivel visual de los niños al ayudarlos.

PORTERO	**NARRADOR**
Ayudar a los niños a poner fin a su trabajo, y también ayude a aquellos que se están preparando para la comida.	Cuando llega el momento de la comida, vaya hacia el apagador de la luz y apáguela. Diga a los niños que guarden su trabajo y que regresen al círculo para la comida. Vuelva a encender la luz. Vuelva al círculo para animar a los niños a terminar su trabajo y regresar al mismo.
Sentarse silenciosamente en su silla, pero asegúrese que el cesto de la basura tenga una bolsa puesta.	Pida oraciones, pero no los presione. Después de la fiesta, muestre a los niños como tirar sus cosas en la basura.
Salude a los padres y comience a llamar por su nombre a los niños que están listos y a aquellos que sus padres han llegado.	Ayúdelos a prepararse para cuando sean llamados por su nombre.
Si un niño se dirige a la puerta sin decirle adiós al narrador, recuérdele a él o ella que regrese a despedirse.	Así como los nombres de los niños se dicen, ellos vienen a usted. Sostenga sus manos extendidas. Los niños pueden tomar su mano, darle un abrazo o mantener su distancia, como ellos prefieran. Dígales en privado y calmado, cuán contento estuvo de verlos y del buen trabajo que hicieron el día de hoy. Invítelos a regresar cuando puedan.
Recuerde devolverles cualquier cosa que pudieran haber dejado al comienzo de la clase.	Tómese tiempo para disfrutar de la despedida, con todo el calor de una bendición para cada niño.
Cuando los niños se han ido, revise y limpie los estantes de materiales y de dibujo.	Cuando todos se fueron, revise los estantes de materiales y limpie.
Siéntese silenciosamente y contemple la sesión como un todo.	Siéntese silenciosamente y contemple la sesión como un todo.
Evalúe, haga notas y discuta la clase con su maestro adjunto.	Evalúe la sesión, registre sus notas y discuta la sesión con su maestro adjunto.

COMO OTROS PUEDEN AYUDAR

Otros adultos quienes quieran apoyar el trabajo de un lugar destinado a Jugar Junto a Dios pueden contribuir de la siguiente manera:
- Tomando turnos para proveer comida sana y festiva para que los niños compartan durante sus comidas.
- Manteniendo los estantes de materiales y de dibujo llenos de materiales nuevos.
- Utilizando sus destrezas creativas haciendo materiales para las presentaciones de Jugar Junto a Dios.

COMO RESPONDER EFECTIVAMENTE A LAS INTERRUPCIONES EN EL CÍRCULO

Usted siempre será el ejemplo de comportamiento que espera en el círculo: enfocado en la lección y respetuoso con todos en el círculo. Si ocurre una interrupción, usted se encargará de esa interrupción de tal forma que aún muestre respeto continuo por todos en el círculo—incluyendo el niño con el cual está teniendo problemas en ese día. Usted también aún mantendrá tanto enfoque en la lección como pueda, regresando por completo a centrarse en la misma, tan rápido como sea posible, justo donde la haya dejado. (La lección se mantiene suspendida mientras usted lidia con la interrupción.)

Por lo tanto, cuando considere responder, recuerde mantener un tono neutral en su voz. Recuerde, también, que nuestra meta es ayudar al niño a dirigirse hacia un comportamiento más apropiado. En el primer nivel de interrupción, podrá simplemente levantar sus ojos del material. Mirará, pero no directamente al niño, mientras dice, "Necesitamos prepararnos otra vez. Miren. Así es como nos preparamos." Ejemplifique la manera de prepararse y comience nuevamente la presentación en donde la había dejado.

Si la interrupción continua o se incrementa, diríjase directamente al niño. "No, esto no es justo. Mira a todos estos niños, ellos si están escuchando. Ellos están listos. Tú necesitas estar listo también. Intentémoslo otra vez. Bien. Esa es la manera."

Si la interrupción continua o se incrementa, pídale al niño que se siente junto al portero. No piense en esto como en un castigo o como una exclusión de la historia: algunos niños quieren sentarse junto al portero por sus propias razones. Continúe manteniendo el tono neutro de voz al tiempo que dice, "*(el nombre del niño)*, pienso que necesitas sentarte junto *(el nombre propio del portero.)* Puedes escuchar y oír desde allí. La lección aún es para ti también."

El objetivo es que el niño vaya por si mismo hacia la puerta. Si el niño está teniendo problemas, o dice ¡No!, usted puede decir, "¿Puedo ayudarte?" Solo si es necesario gentilmente levantará al niño o, en una forma similar, lo ayudará al el o ella a ir hacia el portero.

Por supuesto, no todos las edades ni tampoco todos los niños pequeños son manejables. Suponga que usted está lidiando con un niño beligerante y alto de doce años de edad el que solo tiene una manera de relacionarse con los adultos y es a través de la lucha de poderes. El o ella tienen una sola carta por jugar. Diga, "O, pero aún será fácil para ti estar listo en ese lugar. Mantenga aún su tono de voz, neutral y relajado. Luego diga, "Tú no necesitas esperar a que yo te invite. Tu siempre puedes ir allí cuando necesites hacerlo." Luego, prosiga con la lección, dejando que la situación polarizada caiga por su propio peso. No la alimente con más de su atención.

CÓMO APOYAR EL TRABAJO DE LOS NIÑOS

Muestre respeto por el trabajo de los niños de dos maneras claves: a través de la estructura del salón de clases en el cual los niños trabajan y en el lenguaje que utiliza—o que no utiliza—al hablar sobre su trabajo. Exploremos cada una de estas posibilidades.

ESTRUCTURA DEL SALÓN DE CLASES

A Un salón de clases de Jugar Junto a Dios esta estructurado para apoyar el trabajo de los niños de cuatro maneras:

- Primero, hacer que los *materiales* estén disponibles e inviten manteniendo el salón abierto, limpio y bien organizado. Una frase útil para un salón de clases de Jugar Junto a Dios es, "Este material es para ti. Puedes tocarlo y trabajar con el cuando quieras. Si no has estado en ésta lección, pregunta a otro de los niños o al narrador para que te la enseñe." Los niños que se adentran en un salón de clases de Jugar Junto a Dios, disfrutan de todos los materiales, que los están continuamente invitando, llamando. Esos materiales les dicen, "Este salón es para ti."

- Segundo, anime a la *administración responsable* de los materiales compartidos, ayudando a los niños a aprender a cuidar al salón por sí mismos. Cuando algo se derrama, podemos limpiarlo rápidamente, por supuesto. Pero en cambio, ayudando a los niños a que se hagan cargo de sus propios derrames, les comunicamos el respeto que tenemos por su propia capacidad de resolver problemas. Al final del tiempo de trabajo, cada niño aprende a guardar los materiales cuidadosamente. De hecho, algunos niños querrán elegir el trabajo de limpieza—sacudir el polvo o poner agua en las plantas—como una reacción propia.

- Tercero, provea un *lugar* respetuoso para el trabajo de los niños reservando espacio en el salón para trabajos en curso o terminados. Cuando un niño aún esta trabajando en un proyecto al final del tiempo de trabajo, tranquilícelo diciéndole, "Este proyecto estará aquí para ti la próxima semana. Puedes tomarte tantas semanas como quieras para terminarlo. Nunca perdemos un trabajo en un salón de Jugar Junto a Dios." A veces, un niño puede querer dejar para el salón una pieza de trabajo finalizada. A veces, querrán llevar un trabajo terminado o sin terminar a su casa. Esas elecciones las deberá tomar él mismo, nuestra elección es respetarlo siempre.

- Cuarto, fije un paso *pausado* que permita a los niños dedicarse profundamente en las respuestas que ha elegido. Este es el porque, de que es mejor no hacer más que construir el círculo, compartir la comida y decir amorosamente adiós cuando estamos presionados por el tiempo, en vez de correr a través de una historia y el tiempo para las respuestas artísticas. Cuando contamos una historia, debemos dejar tiempo suficiente para las preguntas sin prisas. Cuando proveemos tiempo de trabajo, debemos permitir tiempo suficiente para que los niños se involucren profundamente con su trabajo. En sus preguntas o en su trabajo, los niños deberán lidiar con temas profundos—temas tan importantes como la vida o la muerte. Provéales de un *espacio nutritivo* lleno de *tiempo seguro* para este trabajo profundo.

UTILIZANDO EL LENGUAJE

Usted también puede apoyar a los niños con el lenguaje que utiliza:

- elija *respuestas abiertas*. Elegimos respuestas abiertas cuando simplemente describimos lo que vemos, preferentemente al evaluar al niño en su trabajo. Las respuestas abiertas invitan a la interacción de los niños, pero también respetan las decisiones de los niños de simplemente seguir trabajando en silencio. Ejemplos de *respuestas abiertas:*
  — Humm. Que cantidad de rojo.
  — Este es un gran trabajo. El dibujo va desde lado a lado de la hoja.
  — Esta arcilla luce tan suave y delicada ahora...
  — ¿Sabías que tú eres la única persona en el mundo que ha hecho esto de esta forma?

- Evite *respuestas de evaluación*. Las respuestas de evaluación cambian el enfoque de los niños desde su trabajo hacia nuestros elogios. En un salón de clases de Jugar Junto a Dios, queremos permitir a los niños la libertad de trabajar en lo que más les importa a ellos, no por la recompensa de nuestros elogios. Ejemplos de respuestas de evaluación:
  — Eres un pintor maravilloso.
  — Este es un gran dibujo.
  — Estoy muy satisfecho con lo que has hecho.

- Elija respuestas *alentadoras*, las cuales enfaticen las habilidades de cada niño de tomar decisiones, resolver problemas y de articular necesidades. En un salón de clases de Jugar Junto a Dios, una frase frecuentemente escuchada es, "Esa es la manera. Tu puedes hacerlo." Nosotros animamos a los niños a elegir su propio trabajo, a guardar los materiales cuidadosamente y a limpiar su área de trabajo cuando terminan. Cuando un niño derrama algo, responda con, "Eso no es un problema. ¿Sabes dónde se guardan los artículos de limpieza?" Si un niño necesita ayuda, muéstrele donde se guardan los artículos de limpieza o como utilizar y escurrir una esponja. Cuando este ayudando, el propósito es restaurar la propiedad del problema o situación al niño tan pronto sea posible.

- Manténgase alerta a las *necesidades* de los niños durante el tiempo de trabajo y de limpieza. El rol del portero es especialmente importante cuando los niños se levantan y recogen su trabajo. Estando alerta a las elecciones de los niños en el círculo, el portero puede saber cuando ayudar a un niño nuevo a aprender la rutina para utilizar arcilla, cuando un niño pueda necesitar ayuda al mover la caja del desierto o cuando el niño necesita apoyo al guardar los materiales o en la limpieza después de pintar

TRABAJANDO CON NIÑOS MAYORES

El trabajar con niños mayores le abre nuevas posibilidades a un maestro de Jugar Junto a Dios. Cuando los niños alcanzan las edades entre 9 y 12 años, están listos para respuestas con mas "lenguaje" y exploraciones en su nueva etapa de desarrollo cognocitivo.

Los maestros pueden ayudar a satisfacer las necesidades de los niños mayores dándoles gradualmente más de las responsabilidades del salón: pasar la lista, guiar las plegarias, el cuidado de las luces, la lectura de las escrituras, etc. Pase más tiempo en la construcción de la comunidad tanto como construyendo el círculo. Anímelos a compartir noticias de su semana antes de comenzar la lección del día.

A esta edad, los maestros pueden elegir historias y presentaciones con más requisitos de lenguaje: historias de síntesis (tales como los Libros de la Biblia, o la Sagrada Trinidad), historias que necesitan de habilidades de lectura (tales como los juegos de parábolas o las declaraciones "Yo Soy"), historias o parábolas comparativas o lado a lado, e historias que funcionan de forma más directa con símbolos, tales como las que utilizan la cesta con cruces o dejando que los niños hagan sus propias cruces. Usted puede presentar una lección de caja objeto, y luego animar a los niños a que creen sus propias cajas objeto. Los niños también pueden hacer sus propias cajas de parábolas y otros materiales.

Utilice cajas objeto para la presentación de personas o símbolos específicos. En la página 22 del Capítulo 2, usted puede leer acerca de cómo hacer una caja objeto por sí mismo, como un ejercicio de práctica. En *La Guía Completa para Jugar Junto a Dios, Volumen 4*, usted puede encontrar una presentación de caja objeto sobre cruces. Especialmente cuando trabaje con niños mayores, puede querer enriquecer sus presentaciones haciendo cajas objeto sobre figuras bíblicas, santos o héroes.

Por ejemplo, si usted quiere hacer una caja objeto para la profeta Miriam, narre como ella arriesgó su vida para cuidar al bebé Moisés. Cuando la hija del Faraón encontró al bebé, usted puede contarles acerca de la astucia desafiante de Miriam al ofrecerse para que encontrara una nana o niñera. ¡Miriam trajo a la propia madre de Moisés para que amamantara al bebé! Usted también querrá narrar, como cuando el Pueblo de Dios pasó seguro a través de las aguas, "¡Miriam iba adelante danzando!"

Después de recopilar las historias, usted elegirá un tapete y objetos para colocar sobre el mismo. Para Miriam, podrá elegir un fieltro azul para recordarnos que el agua jugó un papel importante en su historia. Para símbolos, podrá elegir una pequeña cesta como recordatorio de la cesta en la cual el bebé Moisés fue colocado, y una pandereta para simbolizar la danza que guió Miriam. (Si digo alguna cosa más sobre esta caja objeto, se transformará en mi caja objeto y no la suya.)

Cuando usted narre una historia de caja objeto, usted puede ir desenrollando el tapete, un poco a la vez derecha a izquierda, así los niños "leerán" la historia de izquierda a derecha. En la misma dirección, despliegue uno a uno los símbolos para guiar su narración.

El proceso de las preguntas puede ser más prolongado a esta edad, y los maestros pueden ser más desafiantes en sus preguntas. Por ejemplo, en la narración de la historia de las Diez Mejores Maneras, los maestros pueden alentar a los niños a considerar de manera más profunda la complejidad de los mandamientos: "¿Cómo podemos cumplir con el mandamiento "No Matarás" y mantenernos con vida? Todo lo que crece tiene vida, desde los pollos a las vacas, desde las zanahorias a las lechugas."

Las respuestas también, pueden ser más sofisticadas en este nivel de edad. Algunos niños pueden querer leer libros de consulta o explorar una historia a través de mapas. Algunos niños no querrán escribir durante sus tiempos de respuesta. A ellos les gusta más trabajar en proyectos sostenidos que le lleven varias semanas y donde puedan utilizar materiales artísticos y procesos más sofisticados, tales como un intrincado proyecto de mosaico o un cuidadoso diseño de collage. Los proyectos cooperativos ahora son posibles también: pancartas o banderas, murales, modelos a escala, etc.

REFLEXION: LUGAR SAGRADO Y JUGAR JUNTO A DIOS

Este ejercicio de reflexión funciona mejor cuando usted puede utilizar las preguntas mientras visita el espacio o lugar sagrado de una Iglesia y el salón de clases de Jugar Junto a Dios. Primero, siéntese silenciosamente en la iglesia por al menos diez minutos. Luego conteste las preguntas de reflexión de más abajo.

Luego, siéntese en silencio en un salón de clases de Jugar Junto a Dios por 10 minutos. Nuevamente, responda las mismas preguntas de reflexión. Esto le dará un tipo de interacción entre los ambientes de la iglesia y el de Jugar Junto a Dios para considerar. (Esto es similar a lo que queremos hacer con las presentaciones lado a lado o comparativas en Jugar Junto a Dios.)

Preguntas de Reflexión:
- Me pregunto, ¿Dónde está el umbral? ¿Qué me sucede cuando atravieso esta línea?

- Me pregunto, ¿Dónde está el enfoque central del lugar? ¿Me enseña para qué es este lugar? ¿Cómo hace esto?

- Me pregunto, ¿Dónde están las imágenes de las historias sagradas?

- Me pregunto, ¿Dónde están las imágenes de las parábolas?

- Me pregunto, ¿Dónde están las imágenes de las acciones litúrgicas?

- Me pregunto, ¿Qué diferencias hay en la manera en que están ubicadas las historias sagradas, las parábolas y las acciones litúrgicas en estos ambientes?

- Me pregunto, ¿Dónde están los materiales de silencio? ¿Qué imágenes demuestran silencio? ¿Qué es lo que ayuda a crear y a sostener ese silencio? ¿Sobre qué es este tipo de silencio?

CAPÍTULO 5
AQUÍ HABLA JUGAR JUNTO A DIOS

LA NARRACIÓN COMO UN ARTE SANADOR

El salón estaba muy silencioso. Las luces estaban bajas, y las seis mujeres reclinadas en sillas confortables, sorbiendo café, no tenían mucho que decir sobre la parábola que estaba desplegada frente a ellas en una mesita baja de cristal. Eran antes de las ocho de la mañana, y yo recién había terminado de narrarles el Buen Pastor a un grupo de trabajadoras de asistencia de salud domiciliaria.

Mientras la pausa se alargaba… y se alargaba… comencé a sentirme un poco nerviosa. De verdad, yo había sugerido que sus preguntas acerca de la parábola podrían ser en silencio, e interna, e ir más allá después que la historia terminara. Pero tal vez, pensé en ese momento, que ellas no la habían entendido. Tal vez ellas estaban molestas con esta tardanza en volver a su exigente trabajo.

Luego, el silencio se hizo cómodo, como un viejo y amigable perro que solo quiere sentarse junto a alguien a quien ama. Finalmente, hubo algunos suspiros, y esas mujeres—quienes estaban por tener que conducir muchas millas a través de las congestiones suburbanas de tráfico, hasta remotas asignaciones para cumplir el trabajo de asistencia de salud— comenzaron a hablar sobre lo relajadas que se sentían. Antes siquiera de aproximarse al contenido de la parábola, ellas simplemente se regodearon en la apreciación de un lugar silencioso, una voz tranquilizadora y en la invitación a estar inmóviles—para cuidar de este entorno.

"Tal vez no lo entendí," dijo una de ellas, quien claramente sí lo había hecho. "Pero yo me veo a mi misma como el pastor, el cuidador." Eso lanzó una discusión profunda de la parábola y de las imágenes que venían a ellas durante la narración. Una descubrió que su trabajo era cuidar la "concha", el "caparazón," el cuerpo—su interpretación del corral—y ayudar al alma a hacer la transición a través de una puerta abierta. Otra, la capellana que había reunido a esos cuidadores, se había encontrado a sí misma en un momento de tranquilidad, tirada en prado verde en la noche, mirando a las estrellas. Para alguien más, los lugares oscuros eran cavernas o cuevas, a las cuales ella encontraba cómodas y misteriosas, así como también peligrosas.

Mucho más se dijo. Después de todo, esas mujeres eran maestras de la "lección no hablada." Como les dije en mi breve introducción, Jugar Junto a Dios envuelve dos tipos de lecciones, una hablada y una no hablada, y que yo no les iba a enseñar a ellas nada sobre la lección no hablada. Ellas la vivían cada día, y que esperaba poder aprender de ellas.

Dejé la capellana con una mi version de la parábola, la cuál ella y las trabajadoras de asistencia de salud estaban deseosas de hacer circular. Yo tuve el privilegio de utilizar la Parábola del Buen Pastor con dos pacientes de un hospicio en mi propio trabajo, y encontré puertas abiertas para las memorias y sentimientos que meras palabras no pudieron abrir. Después de esa primera narración, a una mujer llamada Vicky, me senté con la caja dorada sobre mi falda. "¿Cómo dijo que llamaba a esa caja?" me preguntó Vicky. Una parábola, repliqué. "Yo tengo otro nombre para ella," me dijo, con ojos brillantes. "Yo la llamaría la caja del amor."

- Rosemary Beales, Entrenadora de Jugar Junto a Dios

En el Capítulo 4, esbocé como realizar Jugar Junto a Dios en sus presentaciones más frecuentes" el salón de clases de educación religiosa. Sin embargo, Jugar Junto a Dios es más que un programa de Escuela Dominical. Como una manera de ofrecerle a la gente el lenguaje del pueblo de Dios, encontrar un hogar en muchos escenarios. En este capítulo, exploraré algunas maneras en las que Jugar Junto a Dios es dictado fuera del salón de clases de educación religiosa, desde las camas de los hospitales pediátricos hasta las calles de los barrios urbanos.

Nosotros vamos a llamar a estos escenarios "situaciones especiales." Una situación especial puede ser una situación tan común como la visita a su abuela, y encontrar a un niño que la está visitando en ese mismo momento. ¿Qué puede transformar a esto en una situación especial? Usted puede. Cuando usted presta devota atención a un niño en cualquier situación, el evento se vuelve especial.

Vamos a explorar algunos ejemplos de niños en situaciones especiales:
- Tal vez usted está visitando a un amigo a quien se le ha muerto el padre. Esta es una de las más potentes pérdidas que pueden tener lugar en la vida de un niño. Al momento en que usted llega para estar con su amigo, su hija de cuatro años entra al cuarto. ¿Qué haría usted?
- Los niños experimentan otras pérdidas. ¿Qué tal si un padre se aleja del hogar, como en un divorcio? ¿Qué si el niño y toda su familia se están mudando? Para un niño, esas no son interrupciones triviales. Ellas representan la destrucción del mundo en el cual el niño ha confiado y depende. ¿Cómo un niño pone eso en palabras? ¿Cómo un niño puede pedirle ayuda? Porque el encontrar las palabras puede ser tan difícil para un niño, nuestra propia atención a sus necesidades puede ofrecerles un consuelo inesperado.
- Hasta la mudanza de un compañero de juegos es difícil para un niño. ¿Cómo puede saber el niño adonde va su compañerito de juegos? El tiempo es muy problemático para el niño. ¿Cuánto tiempo falta para que su amigo se vaya? ¿Por cuánto tiempo se irá?
- Cualquier diferencia repentina causa una ráfaga de emociones poderosas. Suponga que un nuevo niño ha nacido en el seno de la familia. Mientras el bebé está en el hospital, el niño encontrará a la experiencia novedosa e interesante. Cuando el bebé llegue a la casa, todo cambia por el nuevo hermano. Casi seguramente, el niño se sentirá dejado de lado—tal vez impotente para expresar esos sentimientos de cualquier manera constructiva.

- Los actos violentos crean situaciones especiales. Para el niño que es golpeado o intimidado, un realzado sentido de peligro está siempre en el aire. Si un niño es violado, entonces la vergüenza, la incertidumbre y la confusión se suman a la violencia.
- ¿Qué si un niño está solo o deprimido? Estas también son situaciones especiales. Estos niños pueden ser precisamente pasados por alto porque son tranquilos y retraídos. Ellos no crean un "problema" que atrae la atención de los cuidadores.

¿Qué sucede con un niño en una situación especial? Ellos tienen *sentimientos*, y tienen derecho a tener esos sentimientos, hasta—tal vez, hasta especialmente—sentimientos de dolor. A nosotros, los adultos, no nos agrada sentir el dolor de los niños. Nosotros más bien pensamos a los niños como naturalmente felices, no solamente porque así no nos preocupamos por ellos, si no porque tenemos temor de no tener lo que se necesite para ayudar a un niño que está sufriendo.

Los niños juegan dentro de nuestras evaluaciones equivocadas de sus fortalezas y vulnerabilidades haciendo lo que ellos hacen naturalmente. Ellos son inmaduros, justo como esperamos. Ellos pueden llorar con tristeza o furia en un momento y luego parecer felices y aliviados al siguiente. Parecen no preocuparse por los eventos tristes por demasiado tiempo. Los olvidan fácilmente, pensamos, especialmente porque eso es lo que nosotros deseamos que ocurra. Desafortunadamente, mucho del dolor y de la confusión que experimentan los niños son llevados en su cuerpo tanto como en sus pensamientos y sentimientos.

Si le decimos a un niño que alguien a quien el ama, ha muerto, este puede llorar por un momento o no hacerlo. Puede pedir luego una soda y galletitas, y desparecer para irse a mirar televisión. Los adultos a menudo interpretamos tal comportamiento como una prueba de que al niño no le importa o no comprende. Nosotros podemos encontrar alivio en esa explicación, pero la explicación no es acertada.

El niño está demostrando tantos sentimientos como el o ella se atreve y luego retirándose para recuperarse. Aquí es donde precisamente nosotros tenemos que estar disponibles para los niños, a su nivel y en su ritmo. Por ejemplo, un niño puede parecer estar jugando de una manera indiferente en la caja de arena muchos días después que su abuela ha muerto. Si miramos cuidadosamente veremos que ella está repetidamente cubriendo a una muñeca con arena. El medio seguro y familiar del juego está probablemente siendo utilizado para expresar sus pensamientos y emociones acerca de la muerte y entierro de su abuela, y para explorar su realidad.

A veces no estamos alertas a las necesidades de los niños cuando ingresamos en una situación especial, pero así como nuestra alerta crece, crece nuestra oportunidad de ayudar a cumplir las necesidades de esos niños. Lo que los niños necesitan es a alguien que sea real. En este capítulo, exploraré las maneras de estar presentes en situaciones especiales y como puede ayudar Jugar Junto a Dios.

EL CUIDADO PASTORAL EN HOSPITALES

Desde 1974 hasta 1984, trabajé en el Texas Medical Center (Centro Médico de Texas). Yo estaba asociado con el Institute of Religión (Instituto de la Religión), con el Texas Children's Hospital (Hospital de Niños de Texas) y el Baylor College of Medicine (Universidad de Medicina Baylor); por tres años estuve asociado con el Houston Child Guidance Center (Centro de Orientación para Niños de Houston). Mi experiencia en cuidado pastoral creció junto con mi experiencia de trabajo con niños enfermos y sus familias en hospitales, así como también trabajando en equipos con profesionales de la salud mental proporcionando terapia para familias con niños suicidas.

Los terapeutas de juego tienen una gran comprensión del poder terapéutico del juego. Ellos ayudan a los niños a arreglárselas con las memorias de los procedimientos difíciles: recibir inyecciones, los pinchazos para extracciones de sangre, con las suturas, con la quitada de los puntos de sutura o con la visión de la caída de puntos al suelo. Los terapeutas del juego saben que esos niños enfermos la mayoría de las veces no tienen la energía o el vocabulario para articular las preguntas que los atormentan. "¿Eso era parte de mi?" Ellos también ayudan a los niños a jugar en su camino a lidiar con el temor a lo desconocido, como puede ser el hecho de una cirugía, jugando con materiales para hacer algo conocido para ellos de lo cual el niño no tenía una experiencia previa. Por ejemplo, pueden utilizar una "casa de muñecas" que sea un quirófano para prepararlos para una cirugía.

En mi trabajo, fui el primer terapeuta de juego en el Texas Children's Hospital que entendió la diferencia entre la terapia de juego y el juego teológico. Ellos sabían que podían ayudar al niño con el miedo a lo desconocido haciendo que su conocimiento sobre ellos fuera mayor, pero que sucedía cuando la pregunta, hablada o no hablada, del niño era, "¿Yo voy a morir?" Es muy diferente una preocupación como esta y la preocupación sobre como será la cirugía o como será la inyección que voy a recibir. Esta es una cuestión existencial. Envuelve el misterio de la presencia de Dios, así que la respuesta necesita hacerse con juego teológico. Un cambio en el lenguaje es necesario, desde el lenguaje de cada día y el hospital, al lenguaje religioso con sus extrañas historias y símbolos litúrgicos. Los terapeutas de juego en el Texas Children's Hospital supieron inmediatamente para que era Jugar Junto a Dios, porque ellos pasaban mucho tiempo con niños que estaban en el límite entre la vida y la muerte.

Por supuesto, para utilizar materiales concretos con niños en hospitales, aún con niños que están aislados, se requiere una cuidadosa consulta con el personal médico. Por ejemplo, los fieltros y la espuma plástica son difíciles de desinfectar, y pueden representar un peligro para aquellos niños con su sistema inmunológico deprimido por la quimioterapia. Sin embargo, más importante que el material específico utilizado, es la calidad de nuestra presencia para un niño en una situación especial. Una vez un capellán del Texas Medical Center me narró una historia sobre esto caminando por el vestíbulo del hospital. Alguien le pidió que viera a un niño quien al parecer no podía dejar de llorar.

El capellán no tenía una bolsa de juego o parábolas con el, así que se dirigió a la sala de enfermería. Allí, obtuvo algunas bolitas de algodón y arrancó un pedazo de papel azul, envolviendo el algodón con este. Encontró papel marrón, y lo cortó en tiras estrechas. Se quitó la bufanda verde de alrededor de su cuello, luego fue a la sala y dispuso su bufanda como si fuera un tapete para la parábola del Buen Pastor. (Vea *La Guía Completa para Jugar Junto a Dios, Volumen 3.*) El niño se interesó en que estaba sucediendo, dejó de llorar y comenzó a compenetrarse, con ambas cosas, con la parábola y con la presencia del Creador de parábolas en la parábola.

EL DALLAS CHILDREN'S MEDICAL CENTER

El Dallas Children's Medical Center es un centro acreditado para la Educación Pastoral Clínica y para la enseñanza de la especialidad del cuidado pastoral pediátrico. Jugar Junto a Dios ha sido parte de su cuidado pastoral y entrenamiento desde 1987.

En el Centro, los capellanes utilizan grandes bolsos para llevar parábolas y otros materiales a los niños en sus camas. (Las cajas de parábolas y otros materiales de Jugar Junto a Dios hechos en miniatura por los "Materiales de Jugar Junto a Dios"—Godly Play Resources— descriptos en el apéndice de este libro, fueron hechos primeramente por solicitud de los proveedores de cuidados pastorales que querían que los niños en cama pudieran utilizar estos materiales.) El Centro presenta historias de Jugar Junto a Dios y presentaciones litúrgicas en diversas maneras: por televisión, por visitas de los capellanes y a través de la concurrencia de los niños al culto en la capilla del hospital, la cual también está equipada con materiales de Jugar Junto Dios.

El director del programa, Ron Somers-Clark, cuenta, "Cuando llegué al Dallas Children's Medical Center en 1983, me di cuenta desde un principio que necesitábamos ser más creativos en nuestra manera de acercarnos a los niños. Escuché acerca de Jerome Berryman cuando el estaba en la Catedral en Houston, y decidí ir a escucharlo en una presentación en un taller sobre parábolas.

"Allí estaba alguien utilizando las palabras *juego teológico*, quién había comenzado a redefinir como tratar las necesidades de los niños de una manera apropiada a la edad. Cuando fui allí, él estaba demostrando eso los salones de clases, pero también había estado trabajando en entornos hospitalarios. A través de Jugar Junto a Dios, podemos invitar a los niños a interactuar con nosotros en afrontar su dolor, sus preocupaciones y su sentido de estar fuera de control.

"Nosotros usamos esas historias, por sobre todo, en devociones diarias en la capilla. Nos sentamos en el suelo de la capilla, y un capellán experimentado narra una historia sagrada. Las personas en sus cuartos pueden mirar a través de un circuito cerrado de televisión. En la misma capilla, tenemos bancos pequeños y fácilmente movibles, asientos con almohadones cómodos para los niños que sufran dolores o se sientan mal. El espacio está arreglado de tal manera de poder tener devociones en la ronda, con un espacio circular en el medio. Nuestra cámara de circuito cerrado de televisión puede hacer acercamientos para enfocarse en la historia misma.

"El reto llega cuando llevamos las historias escaleras arriba. Compramos grandes bolsas de lona resistentes de Land's End, y le colocamos el monograma *Capellán* a un lado. Los capellanes llenan las bolsas con cajas de parábolas y utensilios de expresión artística, tales como hojas y lápices de colores. Queremos ser creativos en nuestro enfoque centrado en los niños al cuidado pastoral, así que el misterio comienza con la mismísima bolsa. 'Veo que estás mirando mi bolsa. Tengo algunas cosas estupendas aquí. ¿Quieres dar una mirada?' Luego, con un niño al cual sus padres están abiertos a esto, tal vez en una visita prequirúrgica, podemos decir, 'Mientras estamos esperando, ¿te gustaría escuchar una historia?'

"Uno de mis recuerdos más dramáticos de una historia de Jugar Junto a Dios es sobre una niña de doce años, quien era cuidada principalmente por su abuela. Ella estaba en el ala de oncología hematológica, para un transplante de médula ósea, y no quería hablar con nadie. Con ninguno. Como en muchos otros casos, cuando se ha intentado todo, ellos llaman al capellán, Mark. Mark fue hasta allí, la saludó y habló con ella sobre una visita anterior que le había hecho. Trató de reestablecer su antigua relación, pero ella no quiso hablar con él.

"Y entonces el dijo, ¿Sabes qué olvidé? Lo siento mucho. Recuerdo que te gustan nuestras historias sagradas. ¿Te gustaría que trajera una?' No hubo respuesta. 'Pienso que bajaré y traeré una. Veamos, ¿cuál era tu favorita?' Aún sin respuesta. Salió y trajo la Parábola del Buen Pastor.

"Veamos. ¿Debería contarte esta historia en la cama o en el piso?" Sin respuesta. Se sentó en el piso y narró la historia. Cuando llegó a la parte de las preguntas, dijo, "Me pregunto, ¿si tu puedes recordar cualquier lugar que te asuste como el lugar hacia donde van las ovejas?" Y la niña dijo sus primeras palabras: 'El estanque.' En Texas, un estanque (tank en inglés) es un estanque artificial, hecho por el hombre. Ella y su abuela habían ido a pescar a ese lugar y la niña había visto a un enorme bagre ("catfish" en inglés—pez que se distingue por tener bigotes largos como un gato, de allí su nombre compuesto). Si alguna vez has visto un bagre—¡bueno, a mi ellos me asustan! Aquellas eran sus primeras palabras, y ella continuó hablando.

"Bueno, pero, ¿qué es lo religioso o espiritual acerca de eso? Las enfermeras en el piso proclamaban, "esto es algún tipo de milagro." Yo estoy de acuerdo. Pienso que es un tipo de milagro. Ser capaz de hablar o estar presente con un niño o un padre, para hacerlos hablar, para que emitan palabras, es conectarse con sus almas y sus espíritus.

"También formamos un grupo de clarificación de valores con adolescentes mayores. Porque las historias trascienden las diferencias de denominaciones, incluso las diferencias de fe, honran los límites religiosos, espirituales y de fe. Una historia favorita con este grupo es la Parábola del Buen Samaritano. Nosotros preguntaremos, '¿Qué les gustó más en de esta historia? ¿Con quién piensan podrían identificarse más en esta historia?' Algunos responderán, 'Quizás soy como una de las personas que paso hacia el otro lado', o tal vez,' '¡Soy como el ladrón!' Y algunos de ellos dicen, '¿Qué hizo el Buen Samaritano? Esta es la manera en que más me gustaría ser...'

"Trabajamos con grupos de desórdenes alimentos e incluso estamos desarrollando ministerios para las áreas de espera, donde voluntarios laicos puedan ir a estas locaciones parecidas a estaciones de autobuses para estar con familiares y niños. Cuando no hay respuestas, estas historias ayudan a las personas a estar en el medio del sufrimiento con alguna esperanza. Este es el reto verdadero en el cuidado pastoral. "Yo he sido un buen padre, no fumo, me alimento correctamente… ¿como mi hijo ha nacido con esto?" Escuchamos esto todo el tiempo.

"Jugar Junto a Dios ofrece una tierna respuesta. Las historias y los servicios en la capilla están orientados únicamente hacia los niños, con todo las familias saben que les están cuidando para bien. Ellos pueden ver que hay algo único y especial en este lugar. Es una manera apropiada para la edad de comunicar esperanza y hacerse presentes, así los niños pueden saber, "No estoy solo. Tengo el máximo valor."

JUGAR JUNTO A DIOS INTERNACIONAL

¿Dónde encuentra un lugar Jugar Junto a Dios? Donde quiera que las personas quieran crear significado acerca de la vida y la muerte con el lenguaje del Pueblo de Dios. El Dr. Courtney Coward presentó Jugar Junto a Dios en una reunión en la catedral de Canterbury en Inglaterra y encontró un interés especial de los Obispos Episcopales Africanos, cansados de ser tratados por mucho tiempo como coloniales por la Iglesia. El Dr. Cowart pudo reconocer cuanto más ellos sabían sobre esto que nosotros. Los africanos son personas que cuentan historias, narradores, y este trabajo puede proporcionar un puente entre sus tradiciones religiosas y las nuestras. Un sacerdote joven de África con quien trabajé no estaba seguro de que él a esa altura de su vida, pudiera ser ese tipo de narrador, porque todavía era joven. En su cultura, usted tiene que ganarse el derecho de ser un narrador, por la sabiduría y la experiencia de la ancianidad.

Ahora tenemos entrenadores de Jugar Junto a Dios en el Reino Unido y en Australia.

JUGAR JUNTO A DIOS EN EL HOGAR

Siempre recomiendo que las familias lleven consigo los materiales de la Creación en sus vacaciones. (Vea *La Guía Completa para Jugar Junto a Dios, Volumen 2.*) En el primer día de vacaciones, usted puede mostrar la primera carta que muestra la luz separada de la oscuridad y preguntar, "Me pregunto; ¿alguno vio hoy la luz?" Cuando la familia termine de compartir, puede dar las gracias a Dios por los regalos de la Creación que han disfrutado en ese día. Usted puede hacer del pesebre más que una decoración de Navidad compartiendo juntos la historia de la Sagrada Familia y Adviento. (Vea *La Guía Completa para Jugar Junto a Dios, Volumen 3.*) La lección de los Rostros (también en el Volumen 3) proporciona algo para utilizar en familia en la mesa durante Cuaresma.

Cyndy Bishop, una entrenadora de Jugar Junto a Dios, describe un regalo especial de Jugar Junto a Dios para su familia. "Mi hija de cuatro años de edad, Madeleine, acababa de recibir un regalo maravilloso en el cuarto aniversario de su bautismo. Su madrina, Susan Mills, compiló amorosamente todas las piezas de la lección del Bautismo—los círculos de fieltro, el cirio de Cristo, un apagavelas, un jarro y un tazón, la paloma, el aceite y el bebé—y los colocó a todos en un recipiente blanco así ella podría tener su propia historia de bautismo. Un grupo de nosotros había visitado ese verano, los salones de clase del Padre Jambor en All

Saints, Fort Worth. Susan y yo teníamos un salón favorito y decidimos que nos gustaría recrearlo en nuestros hogares cuando tuviéramos los recursos para hacerlo.

"Madeleine ha trabajado muchas veces con la lección del Bautismo hasta ahora. ¡Por supuesto, superviso cuando llega el momento de los cerillos! Madeleine cuenta la historia a su hermana de dos años de edad, Isabel, quien ahora habla de "cambiar la luz." He tratado de que Madeleine deje al bebé en el recipiente con los otros materiales pero ella insiste en dormir con él cada noche. El día después de recibir su regalo, ella y la hija de Susan, Clare, mi ahijada, jugaban en su casa. Escuchamos el lavabo llenándose de agua y vimos a Madeleine caminando hacia el baño con una de las muñecas de Clare detrás de su espalda. Ellas procedieron a bautizar a cada muñeca que pudieron encontrar."

JUGAR JUNTO A DIOS EN OTROS MARCOS RELIGIOSOS

La educación religiosa, por supuesto, es el marco más frecuente para Jugar Junto a Dios en la Iglesia. Los materiales comunes son demasiado pequeños para servir como punto principal para un sermón o la liturgia, porque las personas de la congregación no pueden ver los materiales. Sin embargo, ocasionalmente, la gente a encontrado una forma de hacer uso litúrgico de Jugar Junto a Dios, simplemente haciéndolo grande.

Una iglesia de California, narró la historia de la Navidad haciendo una caja dorada gigante. Mientras el narrador contaba la historia, la historia salía desde la caja: gente salía desde atrás de la caja e iban ocupando su lugar, como figuras vivientes de la historia utilizadas en la presentación. En Maryland, otra iglesia ha hecho tarjetas gigantes de la Creación. Para la consagración de un Obispo en Delaware, los niños pintaron en carteles grandes, los Rostros de Cristo (Vea *La Guía Completa para Jugar Junto a Dios, Volumen 4*) y los cargaron en procesión adentro de la iglesia.

Esta aproximación hacia la educación religiosa también puede encontrar expresión en otras tradiciones religiosas, si bien aquí se debe tener cuidado en utilizar los símbolos y el lenguaje apropiado de esa tradición. En Londres, el Rabí Dr. Michael Shire era entonces el Director para el Centro de Educación Judía y uno de los líderes de Jugar Junto a Dios en Inglaterra. Cuando visité el centro para realizar una conferencia, que se nombró "Haciendo el Midrash con Jerome." La perspectiva del Rabí Shire nos recuerda que las historias que nosotros llamamos el Antiguo Testamento son historias que recibimos con respeto de nuestros maestros Judíos.

¿Qué sucede con tradiciones religiosas aparte del Judaísmo y el Cristianismo? En el Volumen 91 de *Educación Religiosa* (Invierno, 1996) hay un artículo de John Hull llamado "Un Regalo para el Niño: Una Nueva Pedagogía para la Enseñanza Religiosa a los Niños Pequeños." En el artículo, Hull describió un método de enseñanza de diversas religiones en escuelas Inglesas a través de enfoques prácticos, utilizando ayudas de enseñanza tridimensionales las cuales son llamadas por el Dr. Hull y su equipo, "numens"—yo fui un consultante para ese proyecto.

(N. del Trad.: así se llamaban a los espíritus que habitaban un lugar u objeto, especialmente en la antigua religión Romana).

Ellos seleccionaban sus numens por tres criterios. Primero, los objetos deben ser algo como una entidad auto contenida dentro de la vida y la fe de una religión en particular. Segundo, el objeto, tal como el elefante Ganesha para los hindúes o la cruz para los cristianos, está cargado con un sentido de lo sagrado que lo dirige hacia el culto. Tercero, el objeto tiene "regalos" para ofrecer a los niños, aunque nosotros no podemos saber con antelación como o en que revelaciones esos regalos se manifestarán a los niños.

JUGAR JUNTO A DIOS EN LA COMUNIDAD

Los maestros de Jugar Junto a Dios han llevado las historias a todo tipo de lugares, tales como casas de retiro, donde la gente anciana puede que no diga demasiado durante las preguntas, pero muestran con sus rostros y miradas cuan profundamente ellos entran en esas historias y parábolas. Hemos llevado las historias a casas seguras y refugios para fugitivos. En Houston, un lugar para fugitivos estaba en el Área de Montrose. Caminé ingresando en su auditorio con una caja de parábolas bajo el brazo y dije, "Hola. Tengo algo extraño para mostrarles, si están interesados."

¡No tantos! Uno o dos de ellos se acercaron a mirar la caja. Aún así, comencé a contarles la parábola del Buen Pastor. Antes que terminara, más de treinta o cuarenta adolescentes en ese salón se acercaron y reunieron alrededor. Tal vez, esto sea menos sorpresivo de cómo suena. Después de todo, si ellos no estuvieran realmente asustados y buscando, no hubiesen venido a un refugio religioso para comenzar. Estos chicos se involucraron mucho en las respuestas, porque las preguntas existenciales de vida y muerte estaban muy cercanas a su piel.

A veces, Jugar Junto a Dios es llevado a las calles. La entrenadora Laura McGuire ayudó a Beth McNamara, una reverenda Episcopal de la Iglesia de la Resurrección, a planificar y llevar al exterior, un Ministerio de Jugar Junto a Dios que contara las historias en las calles de Baltimore. Beth dijo, "El truco es encontrar el lugar correcto para contar la historia, y el medio indicado para entregar el mensaje. Fuimos bendecidos en tener un pequeño espacio verde alrededor de una librería cruzando la calle desde la iglesia, así como también mucho espacio de paredes en la iglesia y espacio de acera para colocar carteles y folletos en los días en que estamos presentando historias. Cuando tratamos de hacer el mismo programa en un parque más grande, cerca de una piscina, no tuvimos nada de suerte, probablemente porque no había buenas (¡o legales!) maneras de colocar carteles allí.

Beth y sus ayudantes cargaron un carrito con una historia de Jugar Junto a Dios, toallas de baño para que los niños se sentaran en ellas, pizarras de dibujo con sus correspondientes papeles pegados, cajas de refrescos y marcadores. Salieron de su iglesia y se encaminaron hacia el lugar del verde césped, tan semejante a la descripción del evangelio de donde Jesús compartió pan y peces con cientos miles de personas. Pronto, docenas de niños se habían unido al círculo para compartir historias, arte y una comida en este inusual espacio para Jugar Junto a Dios.

JUGAR JUNTO A DIOS CON ADULTOS MAYORES

Mis participantes de Jugar Junto a Dios de mayor edad fueron los residentes del Deerfield Retirement Community en Ashville, Carolina del Norte. Ellos estaban en los setentas, ochentas y noventas. Para ver por usted mismo que sucedió, pida un video de este acontecimiento a la Diócesis Episcopal de Carolina del Norte del Oeste. (828-669-2921)

PORQUE IMPORTA

Suzi Robertson, quien hoy es una educadora parroquial en la Iglesia Episcopal de la Trinidad en Galveston, Texas, y una entrenadora de Jugar Junto a Dios, cuenta una historia que quizás ilustra mejor el porque llevar Jugar Junto a Dios a "situaciones especiales" puede hacer una diferencia.

"He conocido a Jerome por muchos años. Estaba intrigada por su trabajo, porque Jugar Junto a Dios ayuda a los niños a desarrollar su teología, no diciéndoles el modo en que son las cosas sino generándoles interrogantes. Obtiene pensamientos reflexivos y actos espontáneos del significado."

"En la Iglesia Catedral de Cristo, me involucré con una joven familia muy especial cuando la madre del niño me llamó para preguntarme si Brandon podría ser bautizado. Yo era la persona en la catedral que trataba con todos los bautismos, y como en la mayoría de los lugares, antes que usted presente a un niño, se espera que los padres concurran a una clase de orientación."

"El padre dijo que no era uno de sus planes. Yo les describí todo el proceso y el dijo; 'Bueno, nosotros no tenemos tiempo para hacer todo esto porque Brandon tiene cáncer y el está realmente muy, muy enfermo.' Invité a los dos padres para que vinieran a hablar conmigo, mientras Brandon estaba en la escuela."

"Durante nuestra conversación, la madre estuvo continuamente enviando mensajes para saber como Brandon lidiaba con su día en la escuela. Pude ver cuantas cosas traumáticas estaban viviendo y dije: 'Haré un trato con ustedes. Estamos en los primeros días de noviembre. Lo bautizaremos el 13 de diciembre en nuestro servicio de la tarde. Pero al menos uno de ustedes necesita hacerse miembro de esta congregación, y Brandon necesitará concurrir a la Escuela Dominical cada Domingo hasta que sea bautizado."

"Ellos trajeron a un Brandon totalmente envuelto, tan enfermo que no podía caminar. Cuando ellos regresaron a buscarlo él preguntó: '¿Puedo regresar aquí la semana que viene?' Así, siguió concurriendo y fue bautizado en Diciembre. En las vacaciones de Navidad, la familia viajó para visitar parientes. Brandon tuvo una apoplejía y fue traído de regreso al hospital por puente aéreo. En Epifanía su madre me llamó para decirme que Brandon quería verme. El no quería volver a la escuela pero si quería volver a la Escuela Dominical."

"Así, el domingo después de Epifanía, Brandon estaba en la Escuela Dominical, cuando la parábola del Buen Pastor estaba siendo contada. Después de las preguntas, la maestra les preguntó si ellos tenían algunas preguntas propias. Brandon dijo, 'Yo tengo dos. Si una de las ovejas se pierde y el Buen Pastor no puede encontrarlo, pero esta realmente triste, ¿el Buen Pastor aún está con ella? Y si una de las ovejas se enferma tanto que muere, ¿se pondrá triste el Buen Pastor y estará igualmente con ella?'

"Alguien respondió, 'El Buen pastor está contigo no importa que suceda'"

"Yo aprendí dos cosas de esta experiencia. Brandon no fue criado en una tradición religiosa, así que el no necesariamente tenía que saber que el Buen Pastor es Jesús, pero el conoció a Jesús, a través de la historia, aunque sin embargo, no sabía el nombre del Pastor. Aprendió que el no tenía que morir por si mismo, cuando quiera que llegara el tiempo de morir para el."

"También aprendí que Jugar Junto a Dios es una forma de hacer discípulos para los niños, porque si no tenía una forma de invitar a Brandon para que ingresara en esta comunidad de niños, lo habrían bautizado y nunca más lo hubiésemos visto. Y para él, ser bautizado no hubiese sido nada, solo un poco de agua derramada sobre el."

REFLEXIÓN: LUGARES ESPECIALES PARA JUGAR JUNTO A DIOS

Jugar Junto a Dios parece ir hacia adonde se lo necesita, pero ahora es tiempo para reflexionar sobre sus propias experiencias. Reflexione sobre situaciones donde usted ya esté presente: hogar, iglesia, trabajo, ministerio. Usted también puede reflexionar sobre lugares donde usted se sienta llamado a estar presente.

- ¿Como se siente acerca de que su situación present un desafío especial?

- ¿Qué fuerzas le ofrece Jugar Junto a Dios a su trabajo en particular?

- ¿Cómo podría adaptar los procedimientos y materiales de Jugar Junto a Dios para llevar a cabo esos retos?

CAPÍTULO 6
INGRESANDO EN LA TRADICIÓN*

LLEGANDO A NUESTRAS PROPIAS CONCLUSIONES

Yo estaba haciendo la presentación del Círculo del Año de la Iglesia con un grupo de 5 a 10 años de edad. En las preguntas, los provoqué diciéndoles, "Tenemos tantas de estas pequeñas piezas, que sería muy simple quitar algunas. ¿Cual podríamos sacar?"

Ellos automáticamente se preguntaron sobre la interminable estación verde que era demasiado larga, pero yo los empujé a explorar un poco más, supongo, diciéndoles que eran un poquito piadosos y poco divertidos. Saqué las piezas que representan a las tres grandes fiestas y dije, ¿Qué tal uno de estos, Navidad, Pascua o Pentecostés? Vamos a dejar uno de estos afuera."

¡Entonces el grupo verdaderamente volvió a la vida! Espontáneamente ellos formaron tres 'campos,' uno para defender la importancia de la Navidad, uno para defender Pascua, y el tercero para defender Pentecostés. ¡Ninguno mencionó los regalos de Navidad o los huevos de Pascua! Ellos argumentaron entre ellos sobre terrenos teológicos, llegando finalmente a su propia conclusión de que cada fiesta depende de los otros para su significado completo.

- Rebecca Nye, Entrenadora de Jugar Junto a Dios

Jugar Junto a Dios es mi manera de abordar la tradición Montessori de la educación religiosa con los niños. Esa tradición retrocede hasta la misma Maria Montessori, y ha dado nacimiento a muchas variantes. Por supuesto, yo estoy comprometido con mi propio enfoque, pero quiero hacer hincapié nuevamente: no estoy diciendo que todos deberían hacer Jugar Junto a Dios. Solo estoy describiendo lo que hago y tratando de explicar el porque. Al adentrarse en esta tradición de educación religiosa, podrá encontrarse preguntándose como elegir cual tradición funcionará mejor para usted. Mi sugerencia, para mi y para todos aquellos que quieran experimentar dentro de la tradición Montessori, es mirar a los niños y ver que sucede. Tal vez otra variación surgirá para la siguiente generación que incorpore las fortalezas de todas aquellas que la precedieron.

La tradición tal como se posiciona hoy día consiste en cuatro generaciones. Maria Montessori representa la primera generación, y sus estudiantes, particularmente E.M. Standing, representan la segunda. La tercera generación esta representada por Sofía Cavalletti, de quien su trabajo ha dado nuevos ímpetus a la tradición Montessori de la educación religiosa. Me considero a mi mismo y otros como miembros de la cuarta generación, aquellos quienes quieren construir sobre el trabajo de Montessori, Standing y Cavalletti. Vamos a comenzar por examinar expresiones de la *cuarta* generación en Norteamérica.

*La base para la investigación de este capítulo fue proporcionada generosamente por el Lily Endowment.

LA CUARTA GENERACIÓN: UNA VISIÓN PERSONAL DE UN MOVIMIENTO DIVERSO Y EN CRECIMIENTO

La influencia de la educación religiosa Montessori se está dispersando a través del mundo. Esto se debe especialmente al trabajo de Sofía Cavalletti quien comenzó en 1954 en Roma enseñando a los niños el camino Cristiano, utilizando el Método Montessori. Su enseñanza comenzó casi inmediatamente a atraer amplia y entusiasta atención en Italia y otros países.

En 1963 Cavalletti fundó la Asociación para la Formación Religiosa de los Niños Maria Montessori, la cual incluía gente de todo el mundo. Su último libro, *El Potencial Religioso entre los 6 y 12 Años: Una Descripción de una Experiencia*, publicado en 1996 y aún no traducido al inglés, incluye una lista de naciones a las cuales esta organización ha llegado: Canadá, Estados Unidos, México, Colombia, Paraguay, Uruguay, Argentina, Italia, Alemania, Austria, Croacia, Polonia, Chad, Tanzania, Japón y Australia. Se han involucrado niños de todas las clases de procedencias sociales, desde los ricos a los más pobres, así como también niños de ciudades hasta granjas.

La variedad de formas que este movimiento ha tomado en América del Norte es especialmente interesante por cuatro razones:
- Mucho de este interés a hecho una transformación local y desde las bases de los valores y visión de la educación cristiana.
- Este trabajo ha atraído a gente de diferentes líneas denominacionales, desde Católicos Romanos hasta la tradición de la Iglesia Libre.
- Dentro de las líneas denominacionales una amplia variedad de orientaciones religiosas tales como la evangélica, carismática, alta iglesia, baja iglesia, liberales, conservadores, y otros, se han involucrado.
- En un tiempo donde muchos asumen que los voluntarios no están interesados en tomarse un tiempo para prepararse para la educación religiosa o en interesarse en el crecimiento de los niños a largo plazo, este movimiento, el cual requiere mucho trabajo y dedicación, continúa difundiéndose.

Seis variaciones mayores del enfoque Montessori de la educación religiosa son especialmente prominentes en Norteamérica. Desde que yo he estado involucrado en cada uno de estos enfoques, en mayor o menor grado, son también las variaciones que mejor conozco. Los seis enfoques son:

- La Catequesis del Buen Pastor
- Niños Pequeños y Culto
- Jubilee (Aniversario-Jubileo)
- Augsburg Youth y Family Ministry
- El Departamento de Cuidado Pastoral del Children's Medical Center of Dallas (descrito en el Capítulo 5)
- Jugar Junto a Dios

CATEQUESIS DEL BUEN PASTOR

La Catequesis del Buen Pastor es la organización en Estados Unidos que proporciona un nexo directo hoy día a través del trabajo de Sofía Cavalletti hacia la tradición Montessori de la educación religiosa. Desde el momento en que *El Potencial Religioso del Niño* fue publicado en Inglés por Paulist Press en 1983, el Buen Pastor se ha transformado en la imagen central para el enfoque de Cavalletti. La centralidad del Buen Pastor como una manera de presentar a Jesús y a la Sagrada Comunión a los niños es uno de los más grandes descubrimientos de Cavalletti.

La difusión del trabajo de Cavalletti en Norteamérica más o menos va en paralelo a mi propio descubrimiento de este enfoque, así que desde ahora me volveré un tanto autobiográfico desde este punto en adelante, narrando la parte de la historia con la cual yo estuve directamente involucrado.

En 1971 yo estaba estudiando para convertirme en un maestro Montessori en El Centro para Estudios Avanzados Montessori en Bérgamo, Italia, una ciudad al noreste de Milán donde comienzan los Alpes. Mi intuición me decía que esta podría ser una espléndida forma de enseñar educación religiosa, así que me encontraba explorando esa posibilidad de una manera sistemática mientras concurría al curso general.

Imaginen mi sorpresa y placer cuando Sofía Cavalletti vino a Bérgamo en invierno, a dar una lectura y a mostrarnos algunos de sus materiales de enseñanza tridimensionales. Cuando nuestra familia regresó a Estados Unidos, haciéndolo a través de Roma para visitarla nuevamente, comencé enseguida a experimentar con este enfoque en Cleveland y luego en Houston, tanto en escuelas como en iglesias.

Aunque yo había tomado el curso general de Montessori en Italia y yo era un maestro Montessori experimentado, no había podido estudiar con Sofía Cavalletti en su Centro de Roma, así que en 1978 la traje a Houston. Ella presentó un curso internacional que tuvo lugar desde el 21 al 26 de Julio de 1978 en el Seminario St. Mary con traducción al español. Vino gente desde Italia y Canadá, pero la mayoría de los participantes fueron de Estados Unidos y México. Ellos pudieron recibir crédito por educación continua, universitarios o de graduación a través de la Universidad de St. Thomas en Houston.

Este turno fue dado bajo el nombre del Instituto de Religión en el Texas Medical Center (Centro Médico de Texas) donde yo era profesor de teología y ministro. Esta fue, creo, la tercera vez que Sofía Cavalletti había venido a América del Norte, previamente visitó Minneapolis y Toronto para dar diferentes cursos. El curso en Minneapolis fue brindado en 1975. La organización de la Catequesis del Buen Pastor fue fundada, y para 1996 había crecido hasta 412 miembros, produciendo un boletín de noticias así como también una red de formación extensa para proporcionar entrenamiento de enseñanza.

Yo revisé mi propio entrenamiento con Cavalletti tomando el curso otra vez cuando fue dado en el área de Houston en 1993. Fue una espléndida oportunidad de reencontrarme con viejos amigos, así como para ver como el entrenamiento (y yo) habían evolucionado.

Una de las principales diferencias entre los cursos de 1978 y 1993 fue que Cavalletti no estuvo presente en 1993. Su trabajo, sin embargo, estuvo bien representado por muchos de sus estudiantes más experimentados.

Para 1993 era claro que por más tiempo yo no podría seguir presentando el currículo de Cavalletti en mis talleres. Esa era ahora la responsabilidad de la organización de la Catequesis del Buen Pastor. Lo que yo estaba haciendo era algo diferente aunque aún dentro de la gran tradición de la educación religiosa Montessori y aún fuertemente influenciado por mi propia interpretación del trabajo de Cavalletti.

Aunque mi relación con la Catequesis del Buen Pastor podría verse por dos lados, como una contribución o una deserción, todo lo que yo puedo describir es mi propia percepción de mi experiencia. Sofía Cavalletti es una amiga, una generosa mentora y colega. Ella una vez me dijo que yo soy "como un buen niño Montessori," lo cual significa que necesito pensar las cosas por mi mismo y utilizar mi propia experiencia con los niños y mi propia creatividad para saber que es verdadero. Mis "contribuciones" pueden haberme movido un una dirección algo diferente del trabajo de Sofía, pero, me parece, que esta investigación y prueba han ayudado no solo a difundir si no también a profundizar la tradición Montessori de la educación religiosa en este país.

Un paso importante en la difusión de este enfoque hacia la comunidad general de estudiantes fue tomada el 11 de noviembre de 1977, cuando presenté una ponencia en la reunión de la Asociación de Educación Religiosa en St. Louis llamado "Montessori: Las Parábolas y la Fe Humana," el cual fue revisado y publicado en *Educación Religiosa en 1979* como "Estando en Parábolas con los Niños." También propuse que Sofía Cavalletti fuera la oradora principal en la próxima reunión de la Asociación de Educación Religiosa en Toronto. Ella fue invitada, pero no pudo concurrir.

El 23 de noviembre de 1979, tomé el lugar de Cavalletti junto a David Elkind para dirigir la sesión plenaria de este grupo internacional. La charla fue organizada alrededor de una serie de diapositivas de niños trabajando en mi centro en Houston, en el Instituto de Religión. Las diapositivas incluían respuestas artísticas a las presentaciones de los niños, algunas de las cuales eran como las de Cavalletti, y algunas otras tal como yo las había desarrollado. ¡Pero lo que de hecho dije, fue solamente una imagen borrosa, porque las primeras diapositivas se atascaron en el proyector!

Cavalletti fue de gran ayuda en estas exploraciones. Me invitó para presentar algo de mi nuevo trabajo con los niños en una Conferencia en la ciudad de México el 6 de julio de 1981 durante un curso más largo que ella estaba brindando. ¡Esta vez el proyector de diapositivas funcionó de manera fantástica! También leí una ponencia en Roma el 22 de abril de 1982, en una ocasión organizada por la Asociación para la Formación Religiosa del Niño Maria Montessori la cual también mostraba algo de mi experimentación con lecciones particulares y con todo el ambiente y proceso de aprendizaje.

Nos hemos continuado correspondiendo, y nos hemos visitado recíprocamente. Ella se detenía en Houston en camino hacia México, a veces mi familia entera o mi esposa, Thea

Berryman y yo la visitábamos en Roma. Mi ultima visita de unos pocos días, apoyada por el Lilly Endowment, fue en 1991. En el mismo año, Cavalletti gentilmente hizo una crítica de mi libro *Jugar Junto a Dios en Vita dell'Infanzia*, una revista mensual dedicada a una amplia gama de asuntos relacionados a la educación Montessori. En 1997 también estuve presente en una conferencia y celebración internacional del trabajo de Sofía Cavalletti y Gianna Gobbi brindada del 7 al 12 de septiembre en Assisi.

Otro paso muy importante dado hacia el conocimiento del trabajo de Cavalletti en Norteamérica fue dado en 1982. Recomendé a Jean Marie Hiesberger, por aquel entonces editor de Paulist Press, para que publicara *El Potencial Religioso del Niño de Cavalletti*. Por sugerencia del editor, escribí la introducción para la primera edición en inglés, la cual fue publicada en 1983, como mencioné más arriba.

Por ese tiempo la Asociación en Estados Unidos era activa y estaba organizando cursos nacionales. La primera parte del curso sobre los niños de 3 a seis años de edad fue dado en Washington en 1982. Cuando *El Potencial Religioso del Niño* salió de imprenta, la organización la imprimió con una nueva introducción para ayudar con la enseñanza de sus cursos y para introducir al público general en el trabajo de Cavalletti.

El éxito de la organización de la Catequesis del Buen Pastor me permitió ser más libre con mis experimentos, ahora que sé que el trabajo de Cavalletti estaba siendo fielmente presentado en este país. Llamé a lo que estaba haciendo Godly Play (Jugar Junto a Dios) para resaltar la calidad de las relaciones involucradas. Esto enfatiza la importancia de dedicarse al proceso creativo a través del juego para estar abiertos a la relación compleja que podemos disfrutar con la Santa Trinidad.

NIÑOS PEQUEÑOS Y CULTO

La publicación de Niños Pequeños y Culto, del cual conjuntamente con Sonja Steward fuimos autores, tuvo mucho que ver con el crecimiento del interés en la educación religiosa Montessori, porque para 2002 había vendido 40,000 copias. Aún si esos lectores estaban meramente pensando si querían o no incorporar algo de este enfoque dentro de su propio estilo de enseñanza, un número tan grande de lectores se suma a la conversación de la educación religiosa Montessori.

El libro comenzó cuando Sofía Steward vino a Houston en 1985 con tres de sus estudiantes graduados a tomar uno de los talleres que yo estaba ofreciendo por aquel entonces en la Iglesia Catedral de Cristo. El año siguiente fui al Western Seminary in Holland, Michigan, donde ella es profesora de Educación Cristiana, y presenté allí un taller. *Niños Pequeños y Cultos* fue un resultado de esas visitas.

Un segundo resultado de esas visitas fue que la profesora Steward comenzó a ofrecer sus propios y magníficos talleres semanales, utilizando la versión del enfoque Montessori a la educación religiosa contenida en *Niños Pequeños*. Un programa relacionado llamado "Niños Pequeños y Culto" fue aprobado para utilizarlo por la iglesia Reformada de América, la Iglesia Cristiana Reformada, y la Iglesia Presbiteriana de Canadá. Willa Brown es la

Asociada para el Ministerio de los Niños para la Iglesia Reformada de América y dirige un equipo de maestros entrenadores de su oficina denominacional en Grand Rapids, Michigan a quienes ayudé a entrenar. Trabajé nuevamente con sus entrenadores en 2003.

JUBILEE (ANIVERSARIO-JUBILEO): LAS BUENAS NUEVAS DE DIOS

Otro recurso denominacional inspirado por la tradición Montessori de la educación religiosa se llama *Jubilee*. El fundador y antiguo director ejecutivo de este proyecto, Rosella Wiens Regier, vino a Houston como muchos otros de su comité para mirar los ocho salones de clases que teníamos en la Iglesia Catedral de Cristo y disfrutar de los talleres que yo daba allí tres veces al año. En adición, Regier fue influenciada por reunirse con Sonja Steward, así como también por el trabajo de María Harris y las escrituras de Mary Elizabeth Moore y Walter Bruggeman. Todos estos recursos han influenciado y enriquecido el currículo de *Jubilee*.

Jubilee fue creado por seis denominaciones representantes de la parte Anabaptista de la Familia Cristiana. Esas denominaciones son: Brethern in Christ Church, Church of the Brethern, Friends United Meeting, General Conference Mennonite Church, Mennonite Brethern y Mennonite Church. Ellos han producido videos de entrenamiento, materiales curriculares, y prácticas figuras de enseñanza. Algunos de sus materiales de enseñanza en madera son hechos por gente en América Central y suministrados a maestros en este país a través de sus misiones.

INSTITUTO DE JÓVENES Y FAMILIAS DE AUGSBURGO (AUGSBURG YOUTH AND FAMILY INSTITUTE)

Otro centro de actividades que utiliza la tradición Montessori en la educación religiosa es Augsburg Youth y el Family Institute de Minneapolis. El instituto está en el campus de la Universidad Augsburg y fue fundado por Merton Strommen. El es el nexo entre el reconocido Instituto de Investigación dedicado a la investigación empírica y el Augsburg Youth and Family Institute. El Instituto de Investigación ayuda de tiempo en tiempo con los estudios empíricos que apoya el trabajo del Instituto.

Merton Strommen articuló cuatro imperativos del ministerio de jóvenes y familia. En la visión de Strommen, tal ministerio es un sistema que involucra:
- La familia
- La educación Cristiana
- Atención a la subcultura de la juventud Cristiana
- Un sentido congregacional de la familia

A través de esa asociación, la educación religiosa en el hogar puede nutrirse y ser apoyada por las congregaciones. Esto es importante, porque las investigaciones demuestran que la educación religiosa más importante tiene lugar en el hogar, sean los padres intencionales o no con respecto a esto.

Este grupo ha desarrollado un programa para ayudar a iglesias y familias a trabajar juntas para centrar la educación religiosa en el hogar. En su centro, usted encontrará el enfoque Montessori, incluyendo una sección que yo he autorizado sobre Jugar Junto a Dios en el hogar.

CHILDREN'S MEDICAL CENTER DE DALLAS

El lugar que conozco en Norte América donde el uso del Jugar Junto a Dios está más desarrollado para el cuidado pastoral en hospitales es en el Dallas Children's Medical Center (Centro Médico de Niños de Dallas). En el Capítulo 5, discuto de manera más profunda este centro acreditado para Educación Pastoral Clínica y para la enseñanza de la especialidad del cuidado pastoral pediátrico.

JUGAR JUNTOS A DIOS

En adición a mi entrenamiento Montessori en Italia y con mi entrenamiento con Cavalletti y otros en su enfoque a la tradición Montessori de la educación religiosa, mi educación teológica la realicé en Princeton Theological Seminary (Seminario Teológico de Princeton (M. Div., 1962; D. Min., 1996). Yo soy sacerdote Episcopal, y por más de una década, fui Canon Educador en la Iglesia Catedral de Cristo del centro de Houston.

Mientras más gente se unía a la tradición Montessori de educación religiosa a través de Jugar Junto a Dios, hablar sobre la conformación de una organización también se incrementó. Desde que yo fui introducido a la tradición a través de Sofía Cavalletti y dentro del contexto de mi propio entrenamiento Montessori, yo no sentí, en principio, mucho interés como otros. No obstante, el Centro para la Teología de la Niñez fue incorporado el 22 de diciembre de 1997, y a crecido en una organización que sirve no solamente a su propósito original de investigar Jugar Junto a Dios y la teología de la niñez, sino también para desarrollar y nutrir una red de comprometidos entrenadores, maestros y partidarios de Jugar Junto a Dios.

En adición, Materiales de Jugar Junto a Dios, una organización aparte basada en Kansas, nació para ayudar a proporcionar a la gente los muchos materiales utilizados para enseñar de esta manera. Para aquellos que tienen el tiempo y el talento para hacerlo, hacer sus propios materiales es siempre lo mejor. En muchas iglesias, personas que tienen aptitudes para las manualidades encuentran una manera divertida de apoyar al programa de educación religiosa haciendo estos materiales. Sin embargo, muchas personas encuentran un verdadero obstáculo en los materiales para comenzar a enseñar de esta manera. ¡Necesitan ayuda!

Mi hermano Tom Berryman y yo montamos una pequeña corporación en Ashland, Kansas el 7 de febrero de 1994, para hacer muchas de las ayudas necesarias en varios rangos de precios, para desarrollar nuevos materiales de enseñanza, y para ayudar en otras maneras. Ashland es la pequeña comunidad en el sudoeste de Kansas donde se asentó nuestra familia en la última parte del siglo XIX y donde mi hermano aún vive. La gente que hace estos hermosos materiales son hombres y mujeres que tienen diferentes actividades como granjeros, rancheros, carpinteros, criar familias, enseñar en la escuela, trabajar para compañías de oleoductos y otras. Su compromiso en el movimiento de Jugar Junto a Dios es algo que ellos hacen en su tiempo libre como una contribución a la espiritualidad de los niños.

Jugar Junto a Dios, entonces, es un recurso para todos aquellos que desean explorar el enfoque Montessori de la educación religiosa y como puede este ser utilizado en iglesias, escuelas, en lugares de cuidado pastoral tales como hospitales o terapia, o en la casa junto a la familia. Es una voz distinta en esta gran conversación de muchas generaciones, buscando saber hacia adonde nos lleva Dios para comprender que es lo mejor para ayudar a los niños a abrirse a Dios en la complejidad y en la simpleza de la Santa Trinidad, y para conocer el poderoso lenguaje de revelación que hemos heredado a través de la tradición Cristiana.

CONCLUSIÓN

Muchas personas, incluyéndome, se han confundido por la variedad de formas que ha tomado en Norteamérica la tradición Montessori de la educación religiosa. ¡Usted tendría que estar agradecido de que yo no he mencionado todas las variaciones que conozco, solamente nombre las principales! Esta presentación, como mi propia práctica Montessori, es personal. La comparto con ustedes para darles una perspectiva sobre la variedad que la educación religiosa Montessori ha desarrollado en Norteamérica. Equipado con esta perspectiva y utilizándola para reflexionar sobre su propia experiencia, será capaz de encontrar su propio lugar en esta rica y diversa conversación. ¡Está lleno de alegre trabajo (juego) para todos!

Por supuesto, usted necesitará estar sintonizado con su propio estilo natural de enseñanza. Naturalmente, usted será obligado por su lugar de localización y denominacional. Por supuesto, que habrá límites como el dinero, talento y tiempo. Lo que no deberá limitarlo de ninguna manera es la riqueza que proporciona para vuestro propio ministerio, la tradición Montessori de la educación religiosa.

UNA HISTORIA DE LA TRADICIÓN
LA PRIMERA GENERACIÓN: MARIA MONTESSORI

María Montessori (1870-1952) fue la primera mujer en lograr un título médico de la Universidad de Roma (1896). Esta mujer admirable abrió su primera escuela en 1907. Hoy día es ampliamente reconocida como una educadora, pero su profundo interés en la educación religiosa ha sido pasado por alto por ambos, por la comunidad de educación religiosa y por los educadores Montessori más modernos.

Montessori fue ante todo, un ser humano complejo, fuerte, creativo y muy religioso. En 1910, cuando tenía alrededor de cuarenta años, sacó su nombre de las listas de médicos practicantes en Roma y se comprometió completamente a la educación, abogando por los niños y la educación religiosa.

Confundirse con Montessori es fácil, por un lado a causa de su complejidad, y por el otro a causa del amplio rango de prácticas en las escuelas que utilizan su nombre. Más importante aún, los eruditos que comentan sobre su trabajo muchas veces parecen carentes de información por entrenamiento directo o experiencia con su método.31 Lo que muchas veces no se sabe es que lo maestros Montessori son enseñados primariamente por una tradición oral de práctica y supervisión en lugar de libros sobre ella o para ella.

Uno de esos estudiantes es una excepción: Jean Piaget. El concurrió al Congreso Internacional de 1934 brindado en Roma justo antes que la educación Montessori fuera prohibida en Italia. También sirvió por muchos años como Presidente de la Sociedad Montessori de Suiza.

Una de las confusiones sobre Montessori es que había o hay algún tipo de conflicto entre el trabajo de Piaget y el suyo. David Elkind ha desafiado esta visión, indicando que el entrenamiento de Piaget en biología y el entrenamiento de Montessori como médico les dio a ambos un punto de vista biológico del crecimiento y desarrollo humano.32 Ambos estaban fascinados por las estructuras de desarrollo del ser humano en lugar de las diferencias individuales entre los niños. Ninguno minimizó la importancia de las diferencias individuales, pero ellos argumentaban que una comprensión del desarrollo normal es necesaria para un entendimiento completo de tales diferencias. Además, Montessori y Piaget tenían lo que Piaget llama "un genio por empatía con el niño." Sus observaciones tenían el "son de la verdad."

Las divergencias entre Piaget y Montessori son más como una división de labores que un conflicto. Piaget quería comprender la naturaleza y origen del conocimiento, así que su enfoque primario estaba en el área de la lógica y la epistemología. Montessori estaba también interesada en esto, pero su interés primario fue la creación de ambientes, materiales y métodos educacionales, apropiados para los términos de desarrollo.

Piaget estudió el pensamiento de los niños y escribió sobre sus experimentos y teorías. Montessori viajó alrededor del mundo construyendo escuelas, entrenando maestros, desarrollando su método y abogando por los derechos y necesidades de los niños, incluyendo la educación religiosa.

MONTESSORI Y RELIGIÓN

Una vez, Montessori le dijo a su colaboradora más cercana, Anna Maccheroni, que:

> Muchos que no me han entendido piensan que yo soy una sentimental romántica que sueña solamente con conocer a los niños, besarlos, contarles cuentos de hadas, que quiero visitar escuelas para verlos, abrazarlos y regalarles caramelos. ¡Me tienen harta! Soy una rigurosa investigadora científica, no una idealista literaria como Russeau. Busco descubrir al hombre en el niño, para ver en el verdadero espíritu del hombre, el diseño del Creador: la verdad científica y religiosa. Es para este fin que yo aplico mi método de estudio, el cual respeta la naturaleza humana. Yo no necesito enseñar nada a los niños: son ellos quienes, puestos en un ambiente favorable, me enseñan, me revelan secretos espirituales, tantos, como sus almas no hayan sido deformadas.33

Algunos toman las declaraciones de Montessori para implicar que ella no creía en la doctrina del pecado original, pero ella abordó ese tema directamente en una lectura que dio en 1948 en el Assumption Convent, ubicado en Kensington Square, Londres:

> Lo vi—este Pecado Original - ¿Cómo no ver algo tan evidente? En las profundidades del alma humana está la posibilidad de la continua decadencia, de alza in balza [sic]. De hecho, hay tendencias innatas en el alma del hombre las cuales nos llevan a enfermedades del espíritu a veces hasta desconocidas para nosotros, tal como los gérmenes de la enfermedad pueden trabajar silenciosamente, y sin saberlo. Esta es la muerte del espíritu la cual trae insensibilidad con ella. Estas tendencias vienen desde el alma en sí misma y no desde el ambiente.[34]

En 1922, Montessori tenía cincuenta y dos años de edad. Su escuela en Barcelona era lo que ella había soñado. Tenía camineros con sombra, un prado, estanques para pescar, cajas para mascotas, y muchos espacios interiores amorosos e iluminados. También tenía un ambiente religioso apropiado para los niños. Se habían contratado artistas para hacer de la capilla de la escuela el lugar más hermoso del campus.

Los niños experimentaban el culto y la instrucción sobre los sacramentos por un sacerdote especial en una capilla con amueblamiento en escala para los niños. Montessori también había creado materiales sensoriales sobre la liturgia y la historia sagrada. Además, los niños preparaban su primera comunión cosechando el trigo, cociendo el pan y marcando la hostia para la celebración. Comentando sobre la experiencia en Barcelona, ella escribió, "el Método Montessori fue proveído con una oportunidad largamente buscada de penetrar profundo en la vida del alma del niño, y así satisfacer su misión educativa verdadera."[35]

Montessori descubrió que los niños preescolares hacían la mayoría de su aprendizaje a través de los sentidos de una forma juguetona e inconciente. Ella calificó a este juego como el "trabajo" de los niños, porque el niño estaba construyendo las estructuras de la cognición que serían utilizadas directamente y concientemente durante el período siguiente del desarrollo durante los años en la escuela elemental. Esta es una verdad para la educación religiosa así como también lo es para la educación general.

El rol de la imaginación para el desarrollo de un niño era de especial importancia para ella. En la última parte de su vida Montessori escribió, "La mente del niño de entre tres y seis años puede no solamente ver por inteligencia las relaciones entre las cosas, sino tiene también el gran poder aún así de imaginar mentalmente aquellas cosas que no son directamente visibles."[36]

Su visión de la importancia de la imaginación es muchas veces incomprendida a causa de citas, generalmente leídas fuera de contexto, acerca de la fantasía. Ella sabía que los adultos a veces utilizan criaturas imaginarias para tratar a los niños, sacando provecho de la credulidad y confianza de los niños. En otros tiempos, los adultos afirman los errores de los niños, porque ellos piensan que los errores de los niños son monadas. Ambas clases de respuestas muestran una falta de respeto por los niños, para la realidad y para la operación de la imaginación sobre la realidad. ¡Ella atacó vigorosamente estos errores de los adultos en el respeto y la apreciación de los niños!

Montessori también dijo, "Aún, cuando todos están de acuerdo que el niño adora imaginar, ¿por qué no le damos solamente cuentos de hadas y juguetes sobre los cuales practicar este don? Muchas veces olvidamos que la imaginación es una fuerza para el descubrimiento de la verdad. La mente no es algo pasivo, sino una llama devoradora, nunca en reposo, siempre en acción."[37]

En *Educar el Potencial Humano*, Montessori escribió que las funciones de la mente no deberían estar separadas por construcción de aptitudes conscientes.[38] En cambio, el niño en su totalidad debería ser puesto en contacto con el "Plan Cósmico" completo de una manera que golpee la imaginación del mismo. Ese libro muestra a Montessori, la narradora, trabajando, y no deja dudas que con ella en el salón de clases todos los niños será atraído hacia el proceso creativo y encontrará afirmación.

Hacia el final de su vida, Montessori trató nuevamente de fijar las bases de sus métodos educacionales:

> Me gustaría decir una palabra acerca de esta realidad, y también acerca de los dichos de los poetas y los profetas. Esta fuerza que nosotros llamamos amor es la energía más grande del universo. Pero, estoy utilizando una expresión inadecuada, porque es más que una energía: es la creación en sí misma. Debería ponerlo mejor si fuera a decir: "Dios es amor."[39]

Montessori, una ciudadana del mundo y una defensora de los niños, pidió ser enterrada donde muriera. Encontrarán su lugar de descanso final en Noordwijk en los Países Bajos, pero su legado continua, incluyendo una poderosa forma de enfocar hoy la educación religiosa.

LA SEGUNDA GENERACIÓN: E.M. STANDING

E.M. Standing (1887-1967) es especialmente importante para entender la tradición Montessori de la educación religiosa, a causa de su interpretación del trabajo de Montessori al mundo anglo-parlante y su interés especial en su enfoque de la educación religiosa.

Edwing Mortimer Standing nació el 18 de Septiembre de 1887, en Tananarive, Madagascar. Era llamado "Ted," y creció en el seno de una familia misionera Cuáquera. Cuando Ted tenía aproximadamente seis años de edad, viajó a Inglaterra por estudios. Ted fue educado en escuelas Cuáqueras y recibió su formación universitaria en la Universidad de Leeds, en la cual se graduó cerca de 1900 con una Licenciatura en Ciencias Biológicas. Logró su Diploma en Educación en la Universidad de Cambridge al año siguiente y luego se dirigió a Alemania por un corto período para estudiar en la Universidad de Freiburg.

Ted Standing, como muchos otros, encontró su vocación cuando conoció a la Dra. María Montessori. Se conocieron en 1921, probablemente en su Curso en Londres. Ella lo ayudó a concertar un año en la India (1921-1922) como profesor de los muchos niños de la familia Sarabhai. Cuando regresó a Europa, tomó nuevamente su curso de entrenamiento, probablemente en Barcelona, que lo hizo a sí mismo útil en el movimiento a partir de entonces. Ted escribió que esta "técnica espiritual" fue "algo semejante a una conversión religiosa…" Ciertamente, fue una nueva forma de ver a los niños: sus "períodos sensitivos," su dignidad natural, el significado de sus actividades "espontáneas," la comprensión más amplia y profunda de sus necesidades y sus "planos de desarrollo," y la apreciación del niño como el creador del adulto. También fue una nueva manera de ver a los adultos. Montessori sugirió que trabajar con los niños de esta manera también podía colocarnos a nosotros más profundamente en contacto con el Creador. Algunos encontraron a esto verdadero, y Ted Standing fue uno de ellos.

E. M. STANDING INTÉRPRETE DE MONTESSORI

E.M. Standing es mejor conocido por su biografía *Maria Montessori: Su Vida y Trabajo*.[40] Montessori le escribió al respecto: "No estoy haciendo ningún comentario sobre los fundamentos porque allí hay un apóstol que está gritando sus propias impresiones entusiastas. Tengo que, sin embargo, hacer algunas correcciones menores en asuntos de detalles "históricos." Estoy impaciente esperando ver el libro terminado…"[41] Ella murió antes que estuviera terminado.

El estilo de Montessori mezclaba psicología, filosofía, antropología, historia, ética y la defensa por los niños dentro de una declaración apasionada y persuasiva. Algunos lectores modernos y cuidadosos, como yo, nos hemos frustrado por esta mezcla de lo que hoy en día vemos como distintos campos de discurso, cada uno con su propio tipo de lógica y manera de validar declaraciones. Las publicaciones de Standing ayudaron a desenredar su estilo. También juntó sus ideas principales, las cuales ella desarrolló en una larga lista de publicaciones a lo largo de muchos años. Su bibliografía llena un libro en sí, algo así como de cómo ochenta y siete páginas de extensión.[42]

En su biografía de Montessori, Standing escribió poco sobre su educación religiosa, "destacada y original en igual manera."[43] El sujeto estaba más allá del alcance del libro. No obstante, las suposiciones Cristianas están en cualquier lado, especialmente como el fundamento para el entrenamiento "espiritual" del maestro.

Los libros de Standing fueron traducidos al Francés, Español, Japonés y quizás otras lenguas, y el amaba el rol de escritor. También escribió poesía e historias cortas así como también artículos sobre educación. Sus escritos cortos aparecieron en *Atlantic, Sower, Irish Rosary, America, Times* (Londres) y en revistas educacionales. Sus artículos sobre educación religiosa se extienden desde uno llamado "Práctica Montessori y Principio Tomista" a otro llamado "El Método Narrativo versus el Catecismo."

La gran contribución de E.M. Standing a la educación religiosa fue su libro El Niño en la Iglesia. Fue primeramente publicado por Montessori en 1922 en Nápoles como un cuadernillo de alrededor de cincuenta y dos páginas llamado *I bambini viventi nella Chiesa (El Niño Viviendo en la Iglesia)*. Montessori, por entonces con cincuenta y dos años y viviendo en Barcelona, divulgaba sus primeros experimentos en este campo.

Standing expandió el cuadernillo de Montessori en una versión más larga de 191 páginas en inglés en 1929. La última y más expandida versión fue publicada en 1965. Por entonces había crecido a 224 páginas, e incluía capítulos de otras figuras principales de la segunda y tercera generación de trabajadores Montessorinos en educación religiosa. La Madre Isabel Eugenia, R.A., M. y F. Lanternier, y Sofía Cavalletti, así como Standing, estaban representados.

La Madre Isabel Eugenia había sido la Directora del Gremio Católico Montessori y Directora del Maria Assumpta Training College de Londres. Este Gremio fue fundado en 1952, el año en que Montessori murió. E. M. Standing, quien por entonces se llamaba a sí mismo "E. Mortimer Standing" fue el Presidente de la misma.

M. Lanternier tuvo una escuela en Limoges y luego en Rennes, Francia. El era ex - oficial de la Armada Francesa, y había integrado el año litúrgico dentro de la vida de la escuela. Terminó por revivir la Semana Santa. Entre otras innovaciones, cerca de 200 figuras en madera fueron llevadas entre los edificios y calles de un modelo de Jerusalén para ayudar a narrar la historia.

Sofía Cavalletti también contribuyó con un capítulo. En 1954 ella comenzó a utilizar el enfoque Montessori para la educación religiosa, y hoy día, su Centro Católico es la fuente principal de inspiración y aprendizaje acerca de este enfoque en el mundo.

STANDING Y MONTESSORI

Cuando Ted Standing conoció por primera vez a Montessori en 1921, divisiones preocupantes había empezado a aparecer entre los Montessorinos en Inglaterra. La división fue entre aquellos que sentían que Montessori ya había dicho todo lo que necesitaba decir sobre el desarrollo y educación de los niños, y aquellos que no. El movimiento estaba en peligro de perder su espíritu vital e insensibilizarse en una clase de rígida ortodoxia.

En los comienzos de los años veinte, la batalla entre las organizaciones Montessori nacionales e internacionales en Inglaterra era tan intensa que *Punch* no pudo contenerse y comentar:

> Canta, Musa, la trágica historia de la división Montessorina
> Y las escabrosas posibilidades que emergen de ella,
> Revelando como "paedologists," aunque normalmente urbanos
> Pueden desarrollar, en ocasiones, una variante de pelea de primera clase.44

La relación entre Montessori y Standing se mantuvo en confianza. El no dio mucha innovación y no solamente resistió la amargura de esos conflictos, sino que también evitó el cinismo que puede resultar de un idealismo decepcionado.

Una de las razones de la equidad y calma de Standing pudiera ser que el permaneció en contacto con los niños, enseñando. También, Standing tenía contacto directamente con Montessori cuando lo necesitaba. Además, su viaje lo llevó a Roma alrededor de 1926 donde vivió, trabajando en "colaboración con la Dottoressa." Fue probablemente en algún momento de 1926, en que fue bautizado como Católico Romano.

UNA NUEVA FORMA DE APRENDIZAJE PARA LA EDUCACIÓN RELIGIOSA

Standing escribió: "La dificultad en darse cuenta del inmenso significado del trabajo de la Dra. Montessori es que presenta tantas y diferentes facetas, cada una fascinante en sí misma, que no es fácil ver al movimiento como un todo… Por esta razón, es fatalmente fácil considerar *spezzato* (como lo diría Montessori), ej., roto en pedazos separados."[45]

Para evitar el spezzato nosotros seguiremos las líneas del resumen de Standing en la edición de 1929 de *El Niño en la Iglesia*. Cuando los principios Montessori de la educación se extienden "para el estudio del Orden Supernatural," la clave de la educación religiosa se transforma en "Libertad en un Ambiente Preparado."

El "ambiente preparado" se refiere a montar un lugar donde el niño puede estar en cuerpo, mente y espíritu. Las pequeñas mesas y sillas, estantes bajos, los cuadros colgados a la altura de los ojos de los niños y otros detalles como estos fueron diseñados para todo el niño. ¿Por qué quitarle energía al desarrollo del niño para utilizarla ajustándolo a un ambiente de adultos?

Los "Materiales para el Desarrollo" y relaciones en este ambiente también son para la integración del niño en cuerpo, mente y espíritu. Piense en un niño pequeño lustrando un modelo metálico de un cáliz y una patena. A un nivel tenemos esta actividad física de dominar el acto de lustrar. El siguiente nivel es lustrar el cáliz y la patena para contribuir a su belleza y la responsabilidad común por el cuidado del salón de clases. Tercero, está el nivel donde el niño *concientemente* considera el significado de la presencia del Misterio de Dios en la Santa Comunión mientras realiza el pulido. Este enfoque promueve las dos cosas, el desarrollo y la integración de cuerpo, mente y espíritu.

En un ambiente con nada para trepar, escribió Standing, usted nunca se dará cuenta de que los monos están naturalmente desarrollados para trepar. De la misma manera, los niños no revelarán su naturaleza verdadera hasta que no puedan funcionar en un ambiente apropiado. Es entonces, donde el "Nuevo Niño" aparece, tendiendo hacia el orden, la profunda concentración, la auto-dirección y un goce y serenidad en el aprendizaje.

A pesar de eso, libertad en tal ambiente no significa licencia para hacer cualquier cosa que quiera o utilizar los materiales de desarrollo de cualquier manera que desee. Las cosas están para ser utilizadas para el propósito con que fueron planeadas. La verdadera libertad es permitir elegir bien, y entonces realizar la actividad elegida. Las elecciones se hacen entre alternativas constructivas.

La mente de un niño no es un "saco" para ser llenado con hechos. Es un "principio dinámico," el cual necesita ser abordado indirectamente para el aprendizaje. Standing nos recuerda que el aprendizaje ocurre por descubrimiento personal, no por la imposición de un adulto.

Montessori sugirió que a los niños pequeños desde los tres a los seis o siete años de edad les gusta utilizar sus sentidos para el aprendizaje, y a los niños desde los seis hasta los doce, la imaginación. Un niño de cuatro años adorará trazar con su dedo una letra sobre papel de lija, pero un niño de doce encontrará tonto hacer lo mismo.

No ser concientes de lo que Montessori llama los "períodos sensitivos" o períodos de "interés natural" es arriesgar "perder puntadas." La labor de cocer juntos el conocimiento y la persona tendrá lugar pero la profundidad y la amplitud de la puntada no será tan grande. El ejemplo favorito de Montessori de esto fue fijarse cuan fácilmente los niños pequeños aprenden lenguajes en comparación con las dificultades que tienen los adultos para eso. El período sensitivo para aprender lenguajes, incluyendo el lenguaje religioso, es antes de los seis años de edad.

Standing era apasionado por una cita de G. K. Chesterton sobre la imaginación: "Cuando somos muy pequeños no necesitamos cuentos de hadas. La mera vida es suficientemente interesante."[46] El era siempre rápido en afirmar a sus lectores que Montessori no estaba en contra de los cuentos de hadas. Lo que a ella le preocupaba sobre eso era el mantenimiento de la conexión entre la imaginación y la realidad sensorial.

Cuando los niños pueden centrarse sobre materiales de desarrollo particulares y llevarlos a través de sus descubrimientos hasta finalizar, una alegre calma lo cubre todo. Se vuelven ordenados en cuerpo, mente y espíritu. A su vez, se mueven desde lo concreto a lo abstracto mientras crecen. Si le preguntan a un niño porque ya no realiza sumas con una material sensorial como un ábaco, le responderá, "Porque puedo hacerlo más rápido sin él."

Para Montessori, la preparación del maestro no solo es sobre conocimiento y cultura sino también "sobre la manera en que nosotros consideramos el niño."[47] Uno debe estar preparado interiormente para evitar estar demasiado ocupado controlando el mal comportamiento. El defecto primario que vio Montessori en la mayoría de los maestros fue una combinación de ira y orgullo.

El respeto es usualmente guardado para el fuerte, pero el niño es débil. Ellos no pueden defenderse a sí mismos, así que no hay nada para contener la ira del adulto. Esto es por lo que los maestros necesitan humildad ante esta creación de Dios. Si los maestros no tienen tal humildad, nunca conocerán el poder de Dios que está presente en la niñez y en los juegos de la misma.

LA DIFUSIÓN DE LA EDUCACIÓN RELIGIOSA MONTESSORI

Montessori escapó de Barcelona y de la Guerra Civil española en un barco de guerra Británico en 1936. Se dirigió a Inglaterra para el Quinto Congreso Internacional Montessori que se sostendría en el Lady Margaret Hall, de Oxford. Standing en ese tiempo estaba firmemente fijo en el círculo cercano que rodeaba a Montessori y su trabajo. En el Congreso el fue uno de los tres en el Comité para Información de la Prensa, y pudo haber sido empleado como un conferenciante o un Tutor de Conferencia. Doscientos delegados vinieron desde casi todos los países cercanos de Europa como también de América del Sur e India.

En Inglaterra, el interés acerca de la educación religiosa Montessori centraba en los alrededores de Londres. Montessori dio un curso sobre educación religiosa a pedido de la Madre Isabel Eugenia en 1936 en el Assumption College.

Fotografías en la edición de 1956 de *El Niño en la Iglesia* mostraban a los niños en la St. Anthony's School de Londres trabajando en un programa muy bien desarrollado con materiales acerca de la liturgia y la historia sagrada, y con líneas de tiempo sobre santos y líderes de la iglesia. La Hermana Stephanie, O.S.F., la Directora, estaba involucrada en el Gremio Católico Montessori como Secretaria Honoraria.

En Escocia, un centro importante para este tipo de educación fue establecido en Glasgow. Las Hermanas de Notre Dame de Namur tenían una escuela en Dowanhill. Además de tener cerca de 300 niños pequeños en clases Montessori, tenía una escuela secundaria y un centro de entrenamiento para maestros. La edición de 1929 de *El Niño en la Iglesia* incluye fotografías de sus materiales acerca de la liturgia, los símbolos de las estaciones litúrgicas, y de la vida de Cristo.

María Montessori fue a Irlanda en 1927 visitando el Convento Ursuline, de Waterford. El Convent of Mercy tenía la Oteran's School para niños pequeños, el cual era parte de una gran Escuela Nacional. Ellos habían convertido su escuela para niños pequeños al Método Montessori, y en la edición de 1929 de *El Niño en la Iglesia*, también hay fotografías de sus materiales sensoriales para educación religiosa Montessori.

El Convento Dominicano, de Sion Hill, Blackrock, Dublín, Irlanda, es de interés especial. En 1928 Montessori dio un curso en Dublín para representantes de más de una docena de Conventos Dominicanos. Treinta años más tarde, Sofía Cavalletti fue invitada allí mismo a realizar lecturas.

Escribiendo en la versión de 1965 de *El Niño en la Iglesia*, Cavalletti gentilmente les dio sus créditos de presentación por sus contribuciones hacia su trabajo: "Algunos de estos han sido copiados de las Hermanas Dominicanas del Convento de Sion Hill, Blackrock, Dublín—y de otros materiales concebidos por miembros del Gremio Católico Montessori en Inglaterra'"[48]

Cavalletti luego continuó sugiriendo cuales habían sido sus contribuciones para ese punto. Primero, ella sumó las parábolas. En su formato, un niño lleva y mantiene la acción con figuras en madera mientras otro lee el texto. "Tales figuras estaban representadas en una manera mas o menos abstracta en orden de diferenciarlas de las figuras utilizadas en el panorama de Navidad o el de Pascua, porque estas últimas representan a personas históricas definidas."

Segundo, ella había agregado muchas clases de modelos tridimensionales. Uno de ellos era un modelo en yeso de Jerusalén para las lecciones sobre la Semana Santa. También creó un modelo del lago Tiberíades y uno de toda Palestina. Una fotografía en la misma edición de *El Niño en la Iglesia* también muestra su modelo de la tumba. Ella continuó experimentando, creando muchos materiales adicionales, y expandiendo la base teórica para este enfoque hasta hoy en día. (Ver más abajo por información sobre Cavalletti.)

EL LEGADO DE E.M. STANDING

El 26 de febrero de 1962, la Hermana Margaret Jane de Mount St. Vincent en Seattle escribió a Standing al Hotel McCarthy en Fethard, en el Condado Tipperary, Irlanda. Lo invitó y luego le "ordenó" venir a Seattle a vivir. Ella le dijo, "Deseo que entienda muy bien que usted es nuestro invitado en esta casa por el tiempo que usted desee—absolutamente libre de cargos" (gratis).[49]

El escribió en su diario el 28 de Mayo de 1962, recordando a Dante, que su "*Vita Nuova* comenzaba." E.M. Standing tenía cerca de setenta y cinco años de edad cuando cruzó el Atlántico en el Queen Elizabeth para comenzar su nueva vida. El 3 de Junio escribió que vio "montañas cubiertas de nieve en la distancia." El final de su viaje por tren a Seattle estaba cercano.

Los últimos años de Standing fueron muy activos. *El Método Montessori: Una Revolución en la Educación*[50] salió en 1962. El había estado trabajando nuevamente en *El Niño en la Iglesia* desde 1960, y la nueva versión fue publicada en 1965. Además, Standing y Fr. William Codd, S.J., un profesor de educación y psicología en la Universidad de Seattle, montaron un programa de entrenamiento Montessori en la Universidad.

E.M. Standing murió el 4 de Marzo de 1967. Cartas de pésame llegaron a la Universidad de Seattle desde todo el mundo. Dejó gran parte de su legado, incluyendo las regalías de derechos de autor de sus libros, para apoyar el Programa de Educación para Maestros Montessori de la Universidad de Seattle. También dejó un legado de amor y respeto para los niños y su vida religiosa, así como también su justas y apasionadas "impresiones" de su vocación Montessori.

LA TERCERA GENERACIÓN: SOFIA CAVALLETTI

Sofía Cavalletti nació en Roma el 21 de Agosto de 1917, en el mismo cuarto donde ella ahora tiene su estudio. Los apartamentos, legados desde el lado de la familia de su madre, han estado cerca de la Piazza Navona por muchas generaciones. Este es también el edificio donde nació Eugenio Pacelli. El fue elegido Papa Pío XII en su cumpleaños en Marzo de 1939, en el cónclave más corto de la historia de la Iglesia: un día y tres votaciones.

Dos personas en particular influenciaron la vida profesional de Cavalletti: Maria Montessori y Eugenio Zolli. Zolli, nacido como Israel Zoller, fue en un tiempo el Jefe Rabí de Roma, habiendo venido a la capital Italiana desde Trieste en 1938 a la edad de cincuenta y siete. En su lado materno de la familia habían habido rabíes y estudiosos por más de dos centurias.

Cuando los alemanes tomaron Roma en 1943, la persecución de los judíos se transformó en más severa y sistemática. Zolli y su esposa, Emma Maionica, tuvieron que esconderse. En su biografía, *Antes del Amanecer*, el escribió que su hija, Miriam, estaba "furiosa" mientras llevaba a sus padres, paralizados por la complejidad de la situación, a buscar refugio.

Parte de la complejidad de la situación era que la vida religiosa de Zolli fue profundamente conflictiva. La dificultad se resolvió finalmente el 13 de febrero de 1945 cuando el y su esposa fueron bautizados como Católicos Romanos en una pequeña capilla dentro de Santa Maria degli Angeli, ubicada cerca de la Piazza della Republica. Cambió su nombre en el bautismo por el de Eugenio Maria, rindiendo homenaje con esto, al pontífice reinante, Pío XII.

Zolli vivió el resto de su vida en la Gregoriana en Roma, donde iba a misa cada mañana y después se quedaba para orar. Enseño estudios Semíticos y exégesis bíblica en la Universidad Pontificia Gregoriana de Roma y en otros lugares de la ciudad.

Sofía Cavalletti conoció a Zolli por primera vez en 1946 en una clase de la Universidad de Roma. Ella fue tocada por la conexión que el dibujó entre los profetas y las beatitudes de Jesús. Aunque ella pensaba que la Cristiandad completaba al Judaísmo, fue su pureza de corazón lo que dejó una última impresión en Cavalletti. Este fue el comienzo del profundo amor de Cavalletti por las Escrituras Hebreas y su interés en las relaciones judeocristianas. Ella encontraría esa pureza de corazón nuevamente en su trabajo con los niños.

Sofía Cavalletti se transformo en una de las primeras mujeres en obtener el laurea de la *Universita della Sapienza* en Roma en su especialidad. El *laurea* es un título con cuatro años de estudios generales y dos años de especialización. Su especialización fue en "La Filología, Cultura e Historia de los Antiguos Lenguajes Semíticos de Oriente." Cuando Zolli murió el 2 de Marzo de 1956, le solicitaron a ella que escribiera muchos de los homenajes póstumos.

En la primavera de 1954, dos años antes de la muerte de Montessori, un amigo trajo a su hijo de siete años de edad a Cavalletti para que le diera algunas lecciones sobre religión.[51] Este se unió enseguida o muy pronto a otros dos. La respuesta alegre de los niños a su apertura de la Biblia y la charla seria con ellos acerca de Dios comenzó su viaje hacia la apreciación las relaciones de los niños con Dios y el arte de nutrir ese poderoso potencial.

El interés y la habilidad de Cavalletti como maestra de niños no paso desapercibida para la enérgica Signorina Costa Gnochi, que había abierto una Escuela Montessori en el Palazzo Taverna de Roma. Persuadió a Cavalletti para que enseñara educación religiosa en su escuela.

Gianna Gobbi trajo el conocimiento de Montessori para mezclarlo con el conocimiento de Cavalletti sobre la Biblia. La Signorina Gobbi también estaba enseñando en la escuela del Palazzo Taverna. Ella y Cavalletti pronto atrajeron a tantos niños a sus clases de religión que su trabajo fue mudado al lugar donde actualmente se desarrolla, en el apartamento de Cavalletti en el número 34 de la Via Degli Orsini en Roma. Juntas trabajaron con los niños y entrenaron adultos para este tipo de formación espiritual hasta la muerte de Gobbi en el 2001.

El año 1956 muestra un cambio en la bibliografía de Cavalletti que pasó de escribir principalmente revisiones y críticas de libros a publicar sus propios trabajos. Este fue el año en que Eugenio Zolli murió y en el que apareció el artículo de Cavalletti L'itinerario spirituale di Eugenio Zolli (El Itinerario Espiritual de Eugenio Zolli).[52] En 1957 se le pidió a Cavalletti dar una conferencia en el Congreso Internacional Montessori en Roma. Esta reunión la introdujo a los Montessorinos de todo el mundo por primera vez.

En 1958 el alcance internacional de su trabajo se expandió con un viaje a Dublín para dar un curso para maestros. Sus visitas a Estados Unidos, Canadá, México, Alemania, Grecia y otros lugares, continuaron la expansión de la conciencia de lo que ella y sus colegas habían descubierto en el Centro en Roma.

En contra de los antecedentes de la nueva apertura en la Iglesia Católica—el Papa Juan XXIII convocó el Concilio Vaticano Segundo el 25 de Diciembre de 1961—Cavalletti publicó Educazione religiosa, liturgia e metodo Montessori *(Educación Religiosa, Liturgia y Método Montessori)*. En este trabajo, ella trazó la historia de su enfoque y describió el trabajo de su Centro hasta esas fechas. En adición a los experimentos de Montessori en Barcelona, ella mencionó a las Hermanas Benedictinas de la Congregación de Mount Olivet (cerca de Anwerp) como "las primeras en experimentar con el material propuesto para la enseñanza de la Misa."

Cavalletti también mencionó las escuelas Montessori Católicas de Holanda, particularmente en Rotterdam. Describió el Convento de la Asunción y la Escuela Regina Pacis en Londres, y el trabajo de las Hermanas Dominicas y el Convento del Sagrado Corazón en Dublín. La Asociación Católica para la Educación Montessori fue mencionada, así como los cursos brindados en Calcuta y Colombo. Ella hizo mención especial del trabajo de Michael Lanternier en Francia, primero en Limoges y luego en Rennes, donde toda la vida de la escuela estaba centrada alrededor de la misa y del año litúrgico.

En 1963, se fundó la organización internacional *L'Associazione "Maria Montessori" per la formazione religiosa del bambino* (La Asociación María Montessori para la Formación Religiosa del Niño). Hoy en día el Centro de Cavalletti en Roma permanece como el corazón de esta organización.

LA VISIÓN DE CAVALLETTI

Cavalletti llamó a su enfoque "el método de los signos." Un signo, como una mariposa, es destruido cuando se lo pincha en un tablero y se lo clasifica. Las alas aún están allí pero no puede volar. La manera de mantener a los signos con vida es mostrarles a los niños como meditar sobre ellos.

Esta no es una invitación a ingresar en un vuelo privado de fantasía. Es una invitación para entrar de manera más profunda en la realidad. Cavalletti escribió:

> En el orden de penetrar en el significado de la parábola necesitamos trabajar con nuestra imaginación y nuestra intuición. Necesitamos utilizar nuestra imaginación porque no debemos movernos de las imágenes a través de las cuales la parábola nos revela la realidad. El autor de la parábola no ha trabajado con la fantasía; el parecido que el nos está sugiriendo entre los dos niveles de la realidad no es su creación personal, y no es una concepción literaria; es un parecido ontológico: El Reino de Dios puede ser comparado a una semilla de mostaza porque la semilla es de alguna manera una portadora de la realidad del reino.[53]

Cavalletti no está proponiendo un enfoque que enseñe las respuestas a las preguntas teológicas de la vida. Ella está dando a los niños los signos como instrumentos que son periféricos al centro pero llevando uno al centro de la relación con Dios. "Lentamente, mientras vamos más profundo en el corazón de las cosas concentrándonos sobre un punto, nos daremos cuenta, con infinita maravilla, de que la visión global de la realidad se transforma siempre en más grande."[54]

EL ÉXITO DE CAVALLETTI

El trabajo de Sofía Cavalletti y sus asociados ha hecho cuatro contribuciones primarias a la educación religiosa de la tradición Montessori:
- expansión de un plan de estudios integrado
- formación de una organización internacional
- provisión de un espíritu ecuménico
- desarrollo de una base teológica explícita

Primero, la expansión del plan de estudios de la educación religiosa Montessori, ha sido enorme. Los cursos de la Asociación en Estados Unidos, por ejemplo, divide el trabajo dentro de tres etapas de desarrollo. Cada nivel puede tener tantos como cuarenta o cincuenta presentaciones solamente. La mayoría de las presentaciones utiliza materiales sensoriales específicos. Este "plan de estudios en espiral" ha sido integrado por la costumbre de Montessori de definir la preparación indirecta, la preparación directa, los propósitos directos e indirectos para cada presentación. Cavalletti y sus colegas han adicionado puntos específicos de doctrina a esta costumbre.

Segundo, la organización internacional es una confederación libre de personas con una visión compartida que respeta al niño y apoya la formación religiosa de los niños. Al mismo tiempo, es una comunidad de personas que se respetan unos a otros y buscan conocer a los niños y entre ellos, como una manera de acercarse a Dios. La reunión del treinta aniversario en Roma, no fueron solamente padres Romanos, antiguos estudiantes y amigos. También participaron representantes de muchas asociaciones nacionales de todo el mundo. Hoy en día hay niños que crecieron en estas clases y que ahora se han transformado en líderes y amigos de esta organización.

Tercero, Cavalletti también adicionó un espíritu ecuménico que no estaba presente en las dos primeras generaciones de la tradición. Antes de Cavalletti, era al mismo tiempo muy inclusivo y muy exclusivo para acoger un experimento ecuménico. Mientras el Movimiento Montessori se volvía más y más internacional, los lazos con la Iglesia Católica Romana se volvían problemáticos. Preguntas y materiales sobre religiones específicas no se incluyeron más en el entrenamiento de maestros a causa del respeto por la variedad de religiones y denominaciones involucradas.

Standing, por otro lado, quería hacer hincapié en la conexión con la Católica Romana. Colocó un retrato de Benedicto XV al frente de la edición de 1929 de "*The Child in the Church,*" y colocó una cita sobre María Montessori del Papa Juan XXIII en la edición de 1965. En el cierre de la edición de 1965 el también incluyó una petición para la restauración del "Catholic Montessori Guild" (Gremio Católico Montessori) de Inglaterra para coordinar las actividades Católicas Montessori.

Standing escribió que el Gremio ha "estado inactivo por algunos años principalmente debido a la circunstancia de que la mayoría de lo que estuvieron activos en su difusión se habían ido recientemente a Estados Unidos de América."[55] (Standing se refería primordialmente a sí mismo y a la Madre Isabel Eugenia.) El liderazgo en la Asociación Cavalletti es mucho menos dependiente de unos pocos líderes viviendo en un único país.

El espíritu de Vaticano II aún domina a la Asociación en Roma en ambos sentidos, en su apertura y en su teología, a la cual regresaremos en unos momentos. Hoy en día en Estados Unidos el interés oscila a través de las líneas denominacionales, aunque esto no es una realidad en otros países.

Cuarto, Cavalletti también ha proveído una teología de base o cimiento para el método. En 1936 se plantó la semilla de esta teología, cuando el mundo estaba cambiando. Mientras Sofía Cavalletti estaba por ingresar a sus veintes, el Jesuita Austriaco Josef Andreas Jungmann publicaba su *Die Frohbotschaf und unsere Glaubensverkundigung (Las Buenas Nuevas y Nuestra Proclamación de Creencias)*.[56]

Jungmann fue un gran erudito litúrgico que sintió el apremio de escribir sobre educación religiosa. El instó a que la educación religiosa se moviera desde el enfoque del catecismo académico heredado de los siglos anteriores hacia la anunciación del evento del nacimiento, muerte y resurrección de Cristo (kerygma) y las implicaciones de esto para la historia de la salvación. El libro fue admirado por los catequistas europeos, pero muchos teólogos fueron negativos y argumentaron para que fuera condenado. En la directiva del superior general Jesuita, el libro fue simplemente retirado del mercado, una acción a la cual la Oficina Santa respondió con gratitud.[57]

En la superficie Jungmann estaba pidiendo un cambio pastoral hacia un gran énfasis sobre las escrituras y la liturgia, y lejos de las definiciones académicas y de la memorización del catecismo. El desafío teológico fue más profundo. Los teólogos aún no estaban dispuestos a lidiar con la cuestión de la naturaleza de la revelación en el mundo moderno.

Jungmann entendió la historia de la salvación desde el punto de vista de un liturgista en lugar del de un teólogo dogmático o académico bíblico. El se enfocó más en la centralidad de las misa, mientras los Protestantes se enfocaban más en el Cristo histórico. La visión de la historia de la salvación triunfó en la teología Católica en 1963 cuando Jungmann publicó *Glaubensverkundigung im Lichte der Frohbotschaft (Proclamación a la Luz de la Buenas Nuevas*[58]) el en cual reiteraba y redefinía muchos de los argumentos que ya había adelantado en 1936. Este fue el tema del Concilio Vaticano II y el trabajo de Jungmann fue totalmente aceptado.

En 1961 Cavalletti mencionó solamente dos veces a Jungmann en su libro Educazione religiosa, liturgia e metodo Montessori *(Educación Religiosa, Liturgia y el Método Montessori)*. Ella estaba de acuerdo con que la intuición del amor de Dios en Cristo necesitaba llegar antes de ingresar dentro del estudio explícito del los Diez Mandamientos o del Catecismo. En "Preface" (Prefacio), Cyprian Vagaggini, O.S.B. mencionó el trabajo de Jungmann y Holfinger junto a otros; y el énfasis de veinticinco años sobre "la fuerza pedagógica de la liturgia."

En diciembre de 1962, Cavalletti escribió en el *L'Osservatore Romano*[59] sobre la "naturaleza litúrgica" del método Montessori y explicó "porque tal método a llegado a ser considerado con un interés particular en un tiempo en el cual una renovación catequista encuentra su lugar en el vasto panorama del renacimiento litúrgico." La influencia de la renovación litúrgica y de la salvación a través de Cristo es clara no solo en los materiales y presentaciones que Cavalletti y Gobbi desarrollaron, sino también en los libros que Cavalletti preparó para sus cursos de entrenamiento en Roma. Estos están siendo ahora traducidos al inglés.

CONCLUSIÓN

Todos ellos, Cavalletti, Standing y Montessori, parecen comprender la necesidad profunda del niño de estar en contacto con el milagro y el amor de Dios. No está fuera de compensación que el niño se vuelva a Dios y encuentre esa alegría. Dios alimenta al niño de una manera que lo ayuda a comprender su verdadera naturaleza. La tradición Montessori de la educación religiosa ha desarrollado una manera poderosa de ayudar a hacer esto. Como dice Cavalletti: "Al ayudar a la vida religiosa de un niño, lejos de imponer algo que es extraño a él, nosotros estamos respondiendo al pedido en silencio del niño: "Ayúdenme a acercarme a Dios por mí mismo."[60]

REFLEXIÓN: INGRESANDO EN LA TRADICIÓN

Ahora usted puede ver porque yo hago hincapié en la continuidad de Jugar Junto a Dios con esta tradición. Vamos a reflexionar sobre la historia de la tradición Montessori de la educación religiosa:

• Me pregunto, ¿qué parte de esta historia le gustó más?

• Me pregunto, ¿qué parte es la más importante?

• Me pregunto, ¿Dónde está usted en esta historia o qué parte de la historia es especialmente acerca de usted?

• Me pregunto, ¿si hay cualquier cosa de esta experiencia que podamos dejar de lado y aún tener la tradición que necesitamos?

CAPÍTULO 7
HACIA UNA TEOLOGÍA DE LA NIÑEZ*

DIOS ESTABA EN ESE LUGAR

Mi familia se mudó desde la Costa Este hacia la Costa Oeste de los Estados Unidos cuando nuestras hijas tenían seis y ocho años de edad. Después de unos pocos meses de estar separados de papá, quién ya estaba en el oeste, pudimos reunirnos con él justo antes de que el nuevo año escolar comenzara. Había cajas de cartón por todas partes, y las niñas estaban entusiasmadas en desempacar y arreglar sus nuevos cuartos. Después de horas de cartón y papel periódico, fui a ver en que estaban nuestras niñas "trabajadoras."

Charlotte, la mayor, estaba muy atareada encintando fotos de sus compañeros de Massachusetts en las paredes recién pintadas. Pero lo que encontré junto a cama fue asombroso. Sobre su mesita de noche, había colocado un viejo pedazo de terciopelo rojo que habíamos utilizado para forrar un cajón. Sobre este, estaban las figuras de la natividad de la Sagrada Familia, la vaca y el burro y una caja de colección de la UNICEF del pasado Halloween. "¿Qué es esto?" pregunté realmente intrigada.

"Quería tener mi propio lugar especial para hablar con Dios hasta que conociera los alrededores," dijo ella simplemente. Y Dios, también estaba en ese lugar...

- Sally Thomas, Entrenadora de Jugar Junto a Dios

El salón de clases de Jugar Junto a Dios está planeado y mantenido para el bien y con el propósito de la comunidad de niños que allí se reúne. Nosotros no vamos allí a satisfacer nuestras propias necesidades, sino a ministrar las necesidades de los niños confiados a nuestro cuidado. Sin embargo, la mayoría de los maestros de Jugar Junto a Dios les dirán, con alegría, cuán enriquecidos se ven ellos a través de este estilo de enseñanza. Muchos directores de educación religiosa deben lidiar con idas y venidas de sus maestros, aún hasta con agotamiento emocional o laboral de los mismos. En contraste, los directores de programas de Jugar Junto a Dios encuentran que sus maestros se sienten ellos mismos alimentados por los métodos de Jugar Junto a Dios y tienden a querer profundizar en su compromiso en lugar de querer finalizarlo.

En algún sentido, este capítulo tiene la intención de tratar la pregunta juguetona: "¿Qué hay en esto para usted?" Mientras usted se adentra o profundiza en su ministerio de Jugar Junto a

---

*La base para la investigación de este capítulo fue proporcionada generosamente por el Lily Endowment.

Dios, ¿qué beneficios ganará de su participación? Yo siempre sugiero que un beneficio significativo de la enseñanza de Jugar Junto a Dios es que nos transformamos en seres humanos genuinamente maduros a través de nuestro ministerio: esto es, entramos en el reino de los cielos que Jesús nos prometió. ¿Cómo logramos eso, y que es lo que significa? Esas preguntas son mejor tratadas a través de una teología de la niñez para adultos, a la cual nos volveremos ahora.

REFLEXIÓN: MEMORIAS DE LA NIÑEZ

Primero, los invitaré a reflexionar sobre memorias de la niñez. Siéntese. Relájese. Ponga sus pies en el suelo y sus manos a los lados. Sin apretarlas una sus manos en su regazo. Cierre sus ojos. Deje que su mente vague.

Ahora, vuelva atrás al tiempo donde usted no podía ver lo que había sobre la mesa:
- ¿Cómo se sentía cuando tenía que ponerse en puntas de pie para alcanzar el pomo de la puerta?

- ¿Cómo era su cuarto? ¿Tenía que trepar para llegar a su cama?

- ¿Dónde estaba el lugar más "cálido" en su casa?

- Escuche las voces de su niñez. ¿Quién está hablando?

- ¿Qué puede ver a través de su ventana? ¿Está parado sobre algo para poder ver hacia afuera?

- ¿Quién realmente cuidaba de usted cuando era un niño?

- ¿Alguna vez estuvo en el hospital? ¿Cómo eran los sonidos? ¿Y los olores?

- ¿Alguna vez tuvo que mudarse a una casa nueva? ¿Cuántos años tenía en ese entonces?

- ¿Alguna vez se lastimó? ¿Qué sucedió?

- ¿Cómo era su cuarto? ¿Tenía que trepar para llegar a su cama?

- ¿Alguna vez estuvo perdido? ¿Adonde? ¿Dónde lo encontraron? ¿Quién lo encontró?

- ¿Qué fue algo que usted nunca realmente entendió cuando era pequeño?

- ¿Iba a la escuela dominical? ¿Quién lo llevaba?

- ¿Era difícil encontrar el camino hacia su salón?

- ¿Cómo bajaba y subía las escaleras? ¿Tenía que dar grandes pasos para hacerlo?

- ¿Qué colores había en el salón?

- ¿Recuerda a alguno de los maestros?

- ¿Cómo se sentían las mesas, sillas y muebles del salón? ¿Qué había en las paredes?

- ¿Qué sucedía allí? ¿Puede escuchar las voces?

Reflexione sobre estas experiencias de una manera que sea apropiada para usted. ¿Cómo éstas influenciaron su vida? ¿Qué tienen que ver ellas con su relación con los niños hoy en día?

AMBIGÜEDAD CRISTIANA HACIA LOS NIÑOS

Hay una ambivalencia entre los pensamientos y la práctica de la Iglesia Cristiana sobre los niños. Yo caracterizaré los sentimientos opuestos que la iglesia sustenta sobre los niños como una "visión elevada" y una visión "pobre" de los mismos. Nosotros idealizamos a los niños y los demonizamos. Celebramos el "año del niño" y los excluimos del culto. Los valoramos, y aún así invertimos muy poco tiempo y dinero en sus necesidades. Tratamos de evangelizar para sumar miembros, pero no contamos a los niños, ya presentes en la Iglesia, como valederos de ser evangelizados o aún la hospitalidad que le damos a los extraños.

Estas notas sobre una teología de la niñez son una invitación para rezar y discutir una teología que esté basada en un punto de vista, opinión o visión elevada de los niños. Ambos, el rezo y el pensamiento crítico son necesarios para lidiar con esta ambivalencia. Necesitamos orar para estar abiertos hacia nuestra ambivalencia y hacia el daño que esto hace a los niños y a las congregaciones. Pero también necesitamos nuestro razonamiento crítico para clarificar lo que ha estado contaminando nuestra comunicación verbal y no verbal sobre y con lo niños.

Comenzaremos nuestro pensamiento crítico tratando de comprender porque la Iglesia nunca, o pocas veces, ha sostenido una visión elevada de los niños. Hoy en día es tal vez una de las pocas veces en la historia de la teología desde Jesús en que los niños pueden ser vistos por lo que son.

El segundo paso enfrenta el problema, el cual casi detiene el proyecto antes de que este pueda comenzar. Jesús fue claro sobre que los adultos tienen que volverse casi niños para ingresar en el Reino, pero el no definió al niño al que nos tenemos que parecer. Esto significa que necesitaremos consultar dos tipos de textos para describir una teología de la niñez. Un texto son palabras. El otro texto son los niños.

Tercero, nosotros interpretaremos con una visión elevada lo que los evangelios nos dicen sobre Jesús y los niños. Esto generará ocho temas que una teología de la niñez necesitará tomar en consideración.

Estos ocho asuntos o temas serán desarrollados y sintetizados dentro de tres posiciones:

- el viaje teológico como un juego de Escondidas
- la importancia de la comunicación no verbal
- la necesidad humana para una ética de la bendición

¿POR QUÉ NO HA HABIDO UNA TEOLOGÍA DE LA NIÑEZ?

Hay ocho razones principales que explican la inexistencia de una teología de la niñez fundamental en la historia de la Iglesia. Mientras no ha habido una única razón que impidiera atraer la atención sobre este tema, ha sido precisamente la combinación de esas ocho razones lo que nos ha impedido ver esta ausencia.

INSUFICIENCIAS BÍBLICAS

Primero que todo, hay muy pocas bases bíblicas para una teología como tal. Tan solo existen ocho pequeñas partes de evidencia de los dichos de Jesús y reportes de acciones en los evangelios sinópticos, para dar soporte a tal especulación.

La insuficiencia bíblica, sin embargo, no ha limitado la especulación teológica en otras áreas. Por ejemplo, hay pocas bases directas en las escrituras para elevadas doctrinas tales como la

Imago Dei o la Santísima Trinidad. La Imago Dei está basada fundamentalmente en Génesis 1:26: "Entonces Dios dijo, hagamos al ser humano a nuestra imagen y semejanza."

En el caso de la Santísima Trinidad no hay una referencia específica en las escrituras, de cualquier manera el material narrativo no procesado o crudo está allí para basarla. El concepto de la Santísima Trinidad se desarrolló a causa de las narrativas inconsistentes, las cuales se refieren a Dios como Jesús, el Espíritu Santo y el Creador. Bajo la presión de la filosofía Griega en el siglo cuarto, estas tres maneras de nombrar a Dios fueron coordinadas a pesar de que sus diferencias por la nueva lógica de la Santa Trinidad.

El Imago Dei y la Santa Trinidad se han tornado doctrinas útiles así como también veneradas a pesar de sus pocas bases bíblicas. Una teología de la niñez por lo tanto no debería ser descalificada por esta razón.

VISIÓN POBRE DE LA MUJER

La segunda razón de que no ha habido una teología de la niñez es que por muchos siglos la política de la iglesia ha mantenido una visión "pobre" o inferior de la mujer. Irónicamente esta visión ha sido combinada a veces con una visión muy idealista de María, los ángeles y de mujeres (esto es, entregadas enteramente y no sexuadas) santificadas. Los niños, quienes han cruzado recientemente a través "esas puertas humildes," como dijo Tertuliano, están claramente asociados con la mujer, así ellos también han sido mantenidos en baja estima "por asociación." Como la mujer, los niños también han sido, de tiempo en tiempo, idealizados hasta lo imposible por el arte y la cultura Cristiana pesar de la visión oscura de los niños que los teólogos han tomado. La imagen del Niño Cristo, esta quizás, en la raíz de esto, sin embargo en cierto arte los infantes lucen como ángeles adultos para representar el Logos.

Una de las áreas más promisorias de salud en la política de la iglesia de hoy, ha sido la re-evaluación de las suposiciones inherentes acerca de la mujer. La Iglesia en nuestro tiempo puede estar más lista que nunca antes para ver a la mujer y a los niños tan cercanamente asociados con ella de manera más clara. Este cambio de perspectiva ha ayudado a clarificar el camino para una teología de la niñez.

VISIÓN POBRE DE LOS NIÑOS

Una tercera razón por la cual todavía no hay una teología de la niñez, es porque los niños han sido descartados como "meros niños." Los niños están caracterizados como impotentes y carentes de conocimiento y experiencia adulta. Pero los niños son solamente "pobres" cuando el estándar de comparación es la fortaleza del adulto. Jesús cambió este estándar de comparación sobre sus mentes.

Los niños hoy son mayormente reconocidos solamente como "la Iglesia del futuro", un tipo de arcilla sin forma para ser moldeada por las enseñanzas de la Iglesia. Siguiendo esto es que asumimos que hay muy poco que nosotros los adultos podemos aprender de ellos, a pesar de la visión de Jesús. El caso de prueba de esto es la exclusión de *facto* de los niños de la Santa

Comunión en muchas Iglesias, a pesar de su bautismo y a pesar de la bienvenida formal de ellos dentro de la comunidad. Esta actitud esta en oposición solo con observarlos cuidadosamente mientras ellos reciben la Santa Comunión, en orden de aprender de ellos como recibir verdaderamente el sacramento.

La pobre visión de los niños está intensificada por la doctrina del pecado original, la cual fue enfatizada por San Agustín. El vio a los niños como criaturas con razón tan corrupta que estos no podían saber la verdad, y una voluntad tan enferma que aún si ellos pudieran saber la verdad no se permitirían llevarla a cabo. La visión de la crianza de los niños que sigue a esto, es que los adultos deben romper la ceguera de los niños y a veces su beligerante voluntad, y preparar el camino para la manifestación de la gracia de Dios.

La visión pobre de los niños sostenida por la mayoría de los teólogos desde Agustín es difícil de comparar con la alta visión de los niños de Jesús. ¿Por qué Jesús nos aconsejaría transformarnos en niños si su pobre visión fuera verdadera? En realidad, las dos visiones, la pobre y la elevada, tienen sus méritos. Karl Rahner no es uno de los pocos teólogos, sino el único, que se ha permitido mantener con vida, la tensión entre las visiones pobres y elevadas de los niños. Más se dirá más abajo sobre esta tensión.

ESTRUCTURAS DE PODER

Una cuarta razón para la falta de interés en una teología de la niñez tiene que ver con las estructuras invisibles en la sociedad la cual mantiene a aquellos marginados impotentes y a los oprimidos en su lugar. Estas estructuras de poder están apoyadas aún por personas de buena voluntad, y aún cuando ellos estén trabajando para ayudar a los marginados y a los oprimidos.

En nuestra cultura, muchos Cristianos e igualmente los No-Cristianos, son vehementes para decir lo que es políticamente correcto sobre los niños, pero ellos no dan los pasos para cambiar verdaderamente las estructuras fundamentales que continúan marginalizando a los niños. ¡El status quo está tan profundamente asumido que sugerencias alternativas parecen insensatas y tontas!

Por ejemplo, nuestra nación continúa gastando mucho más dinero en gastos militares y prisiones que el que gastamos ayudando a familias y escuelas para educar a nuestros niños para ser competentes, inteligentes, fuertes, creativos y sabios pacificadores. La diferencia entre lo que gastamos en la guerra "para mantener la paz" y en "almacenar" criminales, y lo que gastamos en educación, la salud de los niños y la viabilidad familiar es difícil de reconciliar, pero es literalmente *impensado* argumentar seriamente que nuestra aproximación hacia la "tranquilidad doméstica" es a la vez efectiva en los costos o ética.

POLÍTICAS DE LA IGLESIA

Una quinta razón del porque nosotros no tenemos una teología de la niñez en la Iglesia es a causa de lo que le pide nuestra iglesia política a nuestros teólogos. Ellos están entrenados y exigidos a hablar por y para la iglesia política sobre la identidad de la Iglesia. Ellos inevitablemente se ven envueltos en las estructuras de poder de la sociedad de la cual la iglesia política es una parte.

En adición, los teólogos muchas veces se comprometen políticamente con adultos dentro de sus propias facultades de enseñanza. ¿Cómo no podrían? Ellos son líderes. Este compromiso también tiende a enfocar su conocimiento sobre controlar el poder institucional, por más que como discípulos de Jesús asuman que su Reino fue político. El poder "naïve", abierto, personal que Jesús mostró y demostró en su relación con los niños, así como también con otros, es muchas veces descartado como una seria opción política.

Un caso clásico, que muestra el compromiso de los teólogos en las estructuras de poder de la sociedad y de la iglesia política, es la parte jugada por los teólogos en los cuatro Concilios Generales durante el cuarto y quinto siglo. El proceso por el cual la declaración fundamental de la Teología Cristiana fue generada, fue profundamente comprometido con los gobernantes imperiales y el uso de la fuerza, manifiesto o implícito. Al mismo tiempo, es muy importante notar que las doctrinas generadas durante esas centurias son piezas maestras, las cuales continúan para renovar la Iglesia. Dios permanece como Dios.

Los teólogos también apoyan y ayudan a depurar nuestro cuidado pastoral. Pero esto también ha sido claramente dominado por intereses adultos. Una excepción reciente al dominio adulto en el cuidado pastoral es el temprano trabajo de Andrew Lester, el cual toma la delantera en abogar por e informar del cuidado pastoral de los niños. La falta continuada de publicaciones acerca del cuidado pastoral de niños, cuando los comparamos a aquellos sobre adultos, demuestra que hay comparativamente muy poco interés entre el clero por tales libros.

En adición a su compromiso con el poder de la iglesia y cultura, los teólogos también son personas de memoria prodigiosa así como también de intelecto rápido y poderoso. Ellos pasan años desarrollando estas habilidades así como también adquiriendo fluidez en lenguas modernas y antiguas, la historia de la teología y la lógica de la antigua retórica y los argumentos modernos. Nuestros teólogos son grandes almas, que combinan talentos brillantes con una enorme capacidad para el servicio. Ellos son seres humanos impresionantes, pero uno no puede hacer todo. Su talento y carácter los mueve en una dirección en particular, una dirección no especialmente útil para conocer el niño silencioso, el otro "texto" que Jesús puso en medio de sus discípulos para enseñarles a ellos y a nosotros sobre el Reino.

PREGUNTAS DIFÍCILES

Una sexta razón de que no haya habido una teología de la niñez es a causa de la dificultad real de las preguntas que levantan los niños. No es fácil descubrir y hablar sobre su espiritualidad. Se necesita ser paciente y esperarlos para que se revelen por si mismos en su propio tiempo y manera. Nosotros muchas veces estamos muy apresurados en conocerlos bien, así que utilizamos métodos para *investigar* sus vidas, aún pensando que el mismo proceso de investigación puede distorsionar nuestro conocimiento de quienes son realmente.

Nuestra gran prisa y necesidad de cuantificar nuestra investigación nos lleva hacia una pérdida de apreciación para la "cualidad de ser" en la relación que los niños tienen con Dios, su yo profundo, con otros (incluyéndonos) y con la naturaleza. Nosotros queremos contar, pesar y medir. Es más fácil cuantificar las bolsas de arroz o trigo y los recipientes de leche cargados en un barco o enviados a la calle que comprender la espiritualidad de aquellos que comerán y beberán lo que estamos enviando.

Si es verdad que la espiritualidad humana está localizada en la comunicación no-verbal, entonces es de incumbencia especial de los teólogos articular esto. Una teología de la niñez es importante porque es un esfuerzo para escuchar lo que los niños comunican, aún cuando ellos no tengan palabras para lo que quieran dar a entender.

CONSTRUCCIÓN CULTURAL

Una séptima razón de que aún no tenemos una teología de la niñez es porque el concepto de la niñez parece ser, al menos en parte, una construcción cultural. Cambia y es relativo a tiempo y lugar.

Por supuesto, todos los niños comienzan a hablar cerca de los dos años de edad y pueden producir y sustentar niños de cerca de doce años de edad. Esto es verdad sin tener en cuenta la cultura dentro de la cual nace el niño o dentro de la cual es criado. Sin embargo, lo que el período entre esas dos marcas biológicas significa, es lo que necesitamos saber si es que vamos a ser como niños.

La historia de la niñez, entonces, es una lectura requerida para aquellos que quieren lidiar con "ser como niños." Necesitamos la perspectiva de la historia para ver las suposiciones de nuestro propio tiempo más claramente contrastándolas con edades pasadas.

PERÍODO DE DESARROLLO PARTICULAR

Finalmente, no ha habido teología de la niñez, porque parece absurdo construir una teología que es única para un período de desarrollo particular. Esto solamente parece absurdo, sin embargo, hasta que uno se da cuenta que ya hicimos eso. Nuestra teología presente es por y para adultos, sustenta perspectivas para y formas de comunicación de adultos.

Para mucha gente solamente unas pocas de esas ocho razones son causa suficiente para desistir de ser como niños. Es demasiado complicado. Crecemos impacientes y utilizamos intereses adultos para guiar nuestro viaje. Aún así, de acuerdo a Jesús, este acercamiento es un error. Nosotros debemos, por ende, darnos el tiempo, a pesar de nuestra resistencia, para considerar de forma más cercana cual es la remarcable visión de los niños de Jesús, así podremos considerar las proposiciones teológicas que genera.

DEFINIENDO EL "NIÑO" QUE QUEREMOS SER

La definición del niño depende en cual dominio de lenguaje esté utilizando uno. Los historiadores han encontrado que el significado de la niñez ha cambiado a través de los siglos.

Los psicólogos han encontrado que los niños cambian sobre un período de vida. Los educadores han sido los más optimistas sobre las habilidades naturales de los niños, especialmente desde el siglo XVIII.

Jean-Jacques Rousseau (1712-1778) influenció generosamente la alta visión de los niños del siglo XVIII. Su *"Emile or On Education,"* publicado en 1762, fue acerca de la educación de una persona naturalmente sana quien tiene que vivir en sociedad, la cual tiende a corromperla. *The Confessions de Rousseau*, terminada en 1770, son interesantes para leerlas junto a las *Confessions de Agustín*, la cual fue escritas alrededor de los últimos tres años del siglo IV. Mientras que Agustín pensaba que los niños comenzaban malvados pero podían transformarse en buenos a través del bautismo y la gracia de Dios, Rousseau pensaba que los niños nacían buenos y se transformaban en malvados por su vinculación en la sociedad.

En el latín de los días de Agustín, su libro Confessions fue titulado por una palabra la cual tiene dos significados, alabanza y penitencia. En The Confessions de Rousseau hay poco de penitencia. Henry Chadwick notó esto en una manera comprensiva, "El hombre del Renacimiento pensaba que el perfeccionamiento del hombre era opuesto por la creencia en el pecado original y aborrecía bastante a Agustín."[61] Desde el siglo XVIII en adelante, los niños comenzaron a ser pensados más como en términos seculares que como una grupo con necesidades especiales de los adultos, tales como el cuidado de la salud y la civilización.

Nos lleva muy lejos del tema presentar las visiones de los niños por los historiadores, los psicólogos y los educadores, pero debemos decir algo acerca de la visión de los teólogos porque ha tenido mucha influencia sobre la Iglesia y la civilización Occidental. Comenzaremos con San Pablo.

Pablo utilizó el niño como una imagen de lo que es "menos que adulto". Esto es suficientemente favorable, porque tal visión es de hecho verdadera. Los niños carecen de la experiencia, el vocabulario y las habilidades cognoscitivas de los adultos, pero la utilización de Pablo de la imagen del niño en esta manera obscureció la verdadera visión elevada de Jesús. Pablo utilizó analogías de niños como éstas:

- El contrastó lo espiritual de lo carnal, utilizando al niño como un ejemplo de lo carnal lo cual es negativo (1 Corintios 3:1).
- En la misma carta (1 Corintios 13:11) los niños y los adultos fueron contrastados en términos de conocimientos. Pablo utilizó al niño como un ejemplo de menos conocimiento.
- Pablo también comparó a los Tesalonicenses a niños desvalidos (1 Tesalonicenses 2:7). El y sus colegas eran como nodrizas para ellos.
- En la carta a los Gálatas (4:3), Pablo comparó el período pre-cristiano con el tiempo presente. El tiempo presente es como el tiempo cuando el heredero toma poder absoluto

y posesión sobre su herencia por adopción. Antes de esa investidura legal, sin embargo, uno es como un niño, un esclavo para los espíritus elementales del universo.

Yo no estoy diciendo que Pablo sentía antipatía o estaba ignorando los talentos de los niños; solamente estoy diciendo que el no utilizó la imagen de un niño tal como lo hizo Jesús, como la imagen de uno que puede enseñar a los adultos a como volverse maduros.

La reducción de la visión de Jesús por San Pablo dentro de la visión comúnmente sostenida en su tiempo y lugar, bajó la tensión entre la verdad de la falta de experiencia de los niños y su menor capacidad de razonamiento que los adultos, y la verdad de la visión de Jesús de la habilidad de los niños para enseñar a los adultos acerca de su propia madurez. Hasta el siglo XX y la teología de Karl Rahner que restableció esta tensión. Primero, pienso, debemos elaborar un poco más la visión de los niños que San Agustín legó para la teología.

Aurelius Augustinus (354-430) vivió toda su vida menos cinco años en la África del Norte Romana. El fue obispo del activo puerto marítimo Hippo en los últimos treinta y cuatro años de su vida. Chadwick nos cuenta que a lo largo de su vida Augustine se interesó en el estudio del comportamiento infantil para comprender mejor la naturaleza humana. Un ejemplo del interés de Augustine en los niños puede ser tomado de sus *Confessiones*. Ninguna criatura es más egoísta que un bebé, escribió: "Si los infantes no lastiman, es por la falta de fortaleza, no por falta de voluntad."

El método de Augustine para el estudio de la naturaleza humana era muy distinto al nuestro de hoy en día. El las Confessions el escribió, como Chadwick traduce:

> Personalmente observé y estudié a un bebé celoso. Este todavía no podía hablar y, pálido de celos y amargura, miraba fijamente a su hermano, compartir la leche de su madre. ¿Quién está ajeno a este hecho de la experiencia? Madres y nodrizas dicen alejar el maleficio con sus propios remedios caseros. Pero puede ser precisamente inocente, cuando la fuente de la leche está fluyendo copiosa y abundantemente, y no soportar que una parte vaya para su hermano de sangre, quien está en necesidad profunda, dependiendo la vida exclusivamente de esa única comida.[62]

Augustine está más preocupado en poner un punto retórico elegante que de una declaración de estudio objetivo, como podríamos pensar de eso hoy día. Dejando de lado la reconocida habilidad de Augustine de examinar a fondo las emociones humanas, aquí tal vez se comprometió en proyección. El vio lo que no podía recordar pero sospechaba sobre *si mismo*, que el defecto profundo de la naturaleza humana estaba allí desde el comienzo. ¿Uno se pregunta cómo hubiera sido la historia de la maldición infantil si Augustine hubiese tomado en sus brazos al bebé? ¿Qué si le hubiese palmeado en la espalda y éste hubiese eructado? ¿Tal vez, la maldad solamente era un gas? La "maldad" del bebé podría ser una categoría de desarrollo natural en lugar de una categoría teológica.

La mayoría de lo teólogos, que escribieron sobre los niños desde Pablo y Augustine, han tenido una pobre visión de ellos, pero un a visión positiva comienza a emerger en el siglo XIX. Friedrich Schleiermacher (1768-1834) en Alemania y Horace Bushnell (1802-1876) en Estados Unidos tomaron la visión minoritaria.

Schleiermacher consagró el tema de la niñez en sus *Soliloquies* (1800), en su novela *Celebration of Christmas* (1806) y en sus *Sermons on the Christian Household* (1820). Mientras tanto, en este continente *Christian Nurture de Bushnell* (1861) fue fuertemente criticado. Margaret Bendroth notó su énfasis sobre "compañerismo, juego e intimidad emocional entre los padres y los niños."[63] Ambos, Schleiermacher y Bushnell parecían haber disfrutado genuinamente la vida familiar y la compañía de lo niños.

En nuestros propios tiempos, Karl Rahner (1904-1984), un Jesuita alemán ha producido la más elocuente y mejor balanceada visión de los niños entre los teólogos. El escribió aún menos de lo que Schleiermacher y Bushnell hicieron, pero en un simple ensayo, "Ideas para una Teología de la Niñez," desarrolló una notable y cuidadosa síntesis matizada de la doctrina del pecado original con la alta visión de Jesús de los niños.[64]

Mary Ann Hinsdale, una distinguida discípula, nos cuenta que las ideas de Rahner sobre los niños fueron presentadas en primer lugar como una lectura dada el 1° de octubre de 1962, en la Segunda Conferencia Internacional de las "Aldeas SOS para los Niños" en Hinterbuhl, cerca de Viena, muy poco antes de la apertura del Concilio Vaticano Segundo. Fue más tarde publicada en el periódico pastoral *Geist und Leben*.[65]

Para proporcionar algunos elementos que influenciaron lo que Rahner tenía que decir, déjenme hacer notar que en las escrituras hay 285 referencias para "niño," cinco referencias para "niñez," 740 referencias a "hijos," y quince referencias a "hijos de Dios," lo cual se refiere primariamente a adultos.[66] La mayoría de estas referencias son utilizadas en tratamiento directo tales como "mi hijo" para instruir a alguien de menor conocimiento o meramente para identificar a una persona joven como en la frase "si su hijo le pide un pescado" (Lucas 11:11). No hay definición de un hijo o de niñez entre esas referencias.

La aproximación de Rahner al problema de la definición, el cual identificó, fue suplementar los estudios de las escrituras observando a lo niños a su alrededor y recordando su propia niñez. ¡También incluyó el estudio de las referencias para "hijos de Dios" y trabajó hacia atrás desde esas observaciones sobre adultos hacia el tipo de niño que ellos tendrían que parecerse!

La conclusión de Rahner fue que un hijo de Dios es un adulto quien se aproxima a la vida con sinceridad radical. El escribió que en los niños, la "trascendencia de la fe, esperanza y amor en los cuales la esencia fundamental y definitiva del acto básico de la religión precisamente consiste, es ya ipso *facto* un hecho presente y logrado. Esta es una manera de vivir, como el sigue diciendo, que "los escépticos y aquellos que han hecho un naufragio de su vida amargamente describen como 'naïve'." La prueba real de madurez adulta para Rahner es ingresar en la "maravillosa aventura de permanecer niño para siempre" y buscar transformarse en "un niño, siempre en grado de aumento."

A pesar de dejarnos solo un único y breve tratado sobre el tema, no debemos pasar por alto la importancia de lo que le dio Rahner a la teología de la niñez. El escribió que este proyecto no era para dedicarse a "sensiblerías insignificantes," y va "más allá de la pedagogía," el campo de la educación Cristiana en el cual el tema es usualmente descartado por los teólogos. El valor de una teología de la niñez para Rahner fue nada menos que el proyecto de "perfeccionar y salvar la humanidad."

Para restaurar el balance entre las visiones pobres y elevadas de los niños en la teología nos volveremos ahora hacia Jesús y los niños. Nos enfocaremos en esta tarea interpretativa como si el pesado peso de la teología no estuviera presente. Comencemos de nuevo con Jesús y su elevada visión de los niños.

LA EXTRAORDINARIA VISIÓN DE LOS NIÑOS DE JESÚS

La evidencia sobre la visión de los niños de Jesús es escasa pero poderosa. Solo ocho referencias primarias de Jesús y los niños se encuentran en los Evangelios. Aún así, esto proporciona suficiente material con el cual podemos escribir un libro; Jesús y los *Niños de Hans-Reudi* es un ejemplo excelente.67 Un corto pero espléndido tratado de este material es el de Judith Gundry-Volf "Los Menos y los Más Grandes: Niños en el Nuevo Testamento", un capítulo del libro de Bunge, *El Niño en el Pensamiento Cristiano*.68

Si uno toma la visión pobre de los niños, hay una tendencia a interpretar los textos acerca de Jesús y los niños como significado de que aún en el Reino hay niños, a pesar de su modesto estatus. Si uno toma la visión elevada de los niños, la inclinación es darse cuenta de lo que los niños revelan siendo niños, quienes ya están incluidos en el Reino. De esa manera ellos muestran lo que los adultos necesitan a fin de ser maduros (entrar en el Reino).

Yo tomaré la visión elevada, pero la visión pobre también es verdadera. El peligro de la visión pobre es perder la visión única de Jesús sobre los niños de Jesús. El peligro con la visión elevada de ellos, es idealizarlos. Nosotros necesitamos ambas visiones, pero la elevada ha sido largamente dejada de lado, así que enfatizaré en ella en este capítulo. Yo propongo restaurar la tensión entre las dos visiones, la cual la mayoría de los teólogos desde Pablo han ignorado.

Nuestra discusión estará estructurada en su mayor parte como una conversación con Weber. El identificó y nombró cuatro temas principales de estudio. Ellos son: "Tocamos la Flauta, y Ustedes no Bailaron" (Mateo 11:16-19 y Lucas 7:31-35), "Dejen que los Niños Vengan a Mi" (Marcos 10:13-16), "A Menos que se Vuelvan Como Niños" (Mateo 18:3, Marcos 10:15 y Lucas 18:17) y "Un Niño en Medio de Ellos" (Mateo 18:1-5, Marcos 9:33-37 y Lucas 9:46-48). Como pueden ver, Weber trató a "A Menos que se Vuelvan Como Niños" como un dicho independiente y desconectado del contexto de su narrativa para su estudio.

El principio que Weber utilizó para seleccionar los pasajes para su estudio fue incluir solo aquellas ocasiones donde Jesús se reunió con niños reales. Lo que él llama "Tocamos la Flauta, y Ustedes no Bailaron," sin embargo no se ajusta a su criterio, mientras que la resurrección de la hija de Jairo si lo hace, aún así fue rechazada. Su razonamiento para excluir a la hija de Jairo es que es como otros "milagros y sanaciones"69, lo que hace a la edad de un resucitado irrelevante. No obstante, quiero enfatizar que Jesús *resucitó* a una joven niña y no limitó sus sanaciones a los adultos.

LA PARÁBOLA DE JUGAR DE LOS NIÑOS

Nombrar un pasaje de la Biblia ya implica una interpretación, así que es interesante lo que el Intérprete de la Biblia llama a esta "La Parábola del Niño Malhumorado." Weber la llama "La Parábola del Juego de los Niños,"[70] una "parábola polémica"[71] y el "juego que falló".[72]

De Lucas 7:31-35:

> ¿A qué compararé la gente de este tiempo? ¿A qué se parece?[32] Se parece a los niños que se sienta a jugar en la plaza y gritan a sus compañeros:
> "Tocamos la flauta, pero ustedes no bailaron;
> cantamos canciones tristes, pero ustedes no lloraron."[33]
>
> Porque vino Juan el Bautista, que ni come pan ni bebe vino, y ustedes dicen que tiene un demonio.[34] Luego ha venido el Hijo del hombre, que come y bebe, y ustedes dicen que es glotón y bebedor, amigo de gente de mala fama y de los que cobran impuestos para Roma.[35] Pero la sabiduría de Dios se demuestra por todos sus resultados.

De Mateo 11:16-19:

> ¿A qué compararé la gente de este tiempo? Se parece a los niños que se sientan a jugar en las plazas y gritan a sus compañeros:[17]
> "Tocamos la flauta, pero ustedes no bailaron;
> cantamos canciones tristes, pero ustedes no lloraron."[18]
>
> Porque vino Juan, que ni come ni bebe, y dicen que tiene un demonio.[19] Luego ha venido el Hijo del hombre, que come y bebe, y dicen que es glotón y bebedor, amigo de gente de mala fama y de los que cobran impuestos para Roma.
> Pero la sabiduría de Dios se demuestra por todos sus resultados.

Weber comenta que cuando Jesús fue niño no dudó de jugar él mismo en el mercado. Como adulto, a él también le gustaba observar a los niños jugando en ese lugar. Weber concluye que la parábola muestra la visión realista de Jesús de los niños. El escribió: "Aún hoy a veces los niños se enfurruñan, y se niegan a responder o comprender."[73] El no fue tan lejos como para llamar a los niños "malhumorados" (quejosos, irritables), pero el pensó que esta parábola es sobre como ellos "se niegan a responder o entender." Mi pregunta es acerca de porque se niegan a hacerlo.

Cuando usted toma una visión pobre de los niños estas palabras colocan meramente a los adultos de oyentes de Jesús. Hace esto comparándolos a ellos con los niños, de quienes se asume que no pueden (tal vez a causa de un razonamiento incompleto) o están poco dispuestos (tal vez a causa de una voluntad enferma) a escuchar lo que ellos están diciendo, de aprender de ello y hacer lo que los adultos les dijeron que hicieran.

Si sacamos la acción del contexto interpretativo acerca de los malos adultos y lo miramos como un evento independiente, la acción de los niños está más abierta a una visión elevada.

Hacer esto nos permite tomar la parábola como algo de lo que los adultos pueden aprender, más que meramente emplearlos para una referencia negativa hacia los niños. ¿Qué saben los niños que los adultos han olvidado? ¿Cuales son las pistas en su comportamiento que pueden ayudarnos a entrar en el Reino?

Esto no es para decir que Jesús no se enojaría o indignaría sobre la sordera de los niños como lo hace sobre la inhabilidad de los discípulos adultos de escuchar los que él les dice. El es totalmente capaz de eso. Es más acerca de cómo es él con los niños en el resto de los ocho pasajes centrales. Los ocho pasajes en conjunto tienen más sentido cuando asumimos que Jesús sostiene una visión elevada de los niños.

Comencemos otra vez. Vamos a asumir una visión elevada de los niños. Lo que tenemos es el hecho de que el juego no tuvo lugar. ¿Por qué?

¿Qué es lo que hay acerca del juego de los niños que puede detener el juego? En este caso no hay evidencia de una fuente exterior para el problema. Nada se dice acerca de que los niños malinterpreten el juego propuesto. No se menciona ninguna controversia acerca del liderazgo entre los niños. Tampoco se dice nada acerca de las reglas del juego o la comprensión de las mismas por parte de los niños. ¿Si no hay nada extraño para detener el juego, entonces, que es lo que hay acerca del juego en sí mismo que puede haber detenido el juego?

Regresemos a la descripción del juego de Catherine Garvey: el juego es placentero, divertido, voluntario, no tiene objetivos extrínsecos, es absorbente y tiene conexiones con la creatividad el aprendizaje de lenguajes, el aprendizaje de roles sociales y la solución de problemas. Jugar, sin embargo, es difícil de *definir* y continúa siendo algo ambiguo. Por ejemplo, cualquier actividad realizada como un juego puede hacerse también como un no-juego. Alguien puede jugar con palabras, pero las palabras vacilan cuando tratan de señalar juego. Esta es la razón de porque muchos investigadores están satisfechos con solo una descripción como la de Garvey.

Jugar, sin embargo, puede ser dividido en dos tipos: "que si juego" y "como si juego"[74]. Como si juego es acerca de roles adultos, tales como jugar a funerales o a bodas. Que si juego es acerca de hacer o pensar qué no se ha hecho o pensado antes. ¿No es "que si juego" el tipo de juego que hay que tomar para saber de que se trata el Reino, puesto que es completamente nuevo?

Los niños en la parábola son presentados con dos tipos de "como si juego," el juego de una boda y el de un funeral. Su indiferencia intuitiva hacia tal juego es correcta si esta es una parábola acerca del tipo de juego apropiado para conocer el Reino. En otras palabras, si usted quiere jugar el juego que Jesús y Juan están jugando; necesita utilizar "que si juego" para descubrirlo. Esto es porque el juego del Reino es absolutamente nuevo, siempre nuevo. ¡Es acerca de vida nueva, así que "como si juego" no puede revelarlo, aún si usted pretende ser como Jesús o Juan! Es una cuestión de creatividad, no de mímica.

Si los niños tienen una habilidad para reconocer la presencia del misterio de Dios como Creador, entonces, los niños sabrán por intuición que el "como si juego" de prepararse para roles adultos (tales como participantes de bodas y funerales) es inapropiado. Usted no puede adoptar conclusiones sobre el Reino de alguien más—aún adultos—y entrar en él. Usted necesita hacer el viaje por sí mismo.

UN NIÑO EN MEDIO DE ELLOS

El segundo texto que me gustaría comentar es "Un Niño en Medio de Ellos." De hecho, es solamente en Mateo que Jesús coloca al niño en medio de los discípulos. En Lucas el coloca al niño a su lado. No obstante, en los tres casos el niño permanece en silencio.

De Mateo 18:1-5:

> En ese momento los discípulos se acercaron a Jesús y le preguntaron: "¿Quién es el más importante en el reino de los cielos?" Él llamó a un niño y lo puso en medio de ellos. Entonces dijo: "Les aseguro que a menos que ustedes cambien y se vuelvan como niños, no entrarán en el reino de los cielos. Por tanto, el que se humilla como este niño será el más grande en el reino de los cielos. Y el que recibe en mi nombre a un niño como éste, me recibe a mí."

De Marcos 9:33-37:

> Llegaron a Capernaúm. Cuando ya estaba en casa, Jesús les preguntó: "¿Qué venían discutiendo por el camino?" Pero ellos se quedaron callados, porque en el camino habían discutido entre sí quién era el más importante. Entonces Jesús se sentó, llamó a los doce y les dijo: "Si alguno quiere ser el primero, que sea el último de todos y el servidor de todos." Luego tomó a un niño y lo puso en medio de ellos. Abrazándolo, les dijo: "El que recibe en mi nombre a uno de estos niños, me recibe a mí; y el que me recibe a mí, no me recibe a mí sino al que me envió."

De Lucas 9:46-48:

> Surgió entre los discípulos una discusión sobre quién de ellos sería el más importante. Como Jesús sabía bien lo que pensaban, tomó a un niño y lo puso a su lado. "El que recibe en mi nombre a este niño —les dijo—, me recibe a mí; y el que me recibe a mí, recibe al que me envió. El que es más insignificante entre todos ustedes, ése es el más importante."

El silenciosamente elocuente "discurso sobre la verdadera grandeza" es reflexionado por Jesús de dos maneras. Primero, el observó que el niño carece de lo que usualmente se piensa como un poder y aún así es capaz de entrar (o recibir) en el Reino. Segundo, cuando conoces a un niño conoces a Jesús, la encarnación del Reino. Muchos intérpretes, tales como los *Intérpretes de la Biblia*, se han enfocado en el "discurso" de Jesús. Yo prefiero enfocarme en la enseñaza silenciosa del niño.

Por supuesto los niños tienen voz y pueden ser muy ruidosos. La pregunta que este pasaje hace emerger, sin embargo, es cuan profunda es nuestra apreciación ontológica, a pesar de tales distracciones. ¿Qué nos enseñan los niños sobre madurez por su ser fundamental?

DEJEN QUE LOS NIÑOS VENGAN A MI

El tercer texto que miraremos es "Dejen que los Niños Vengan a Mi." ¿Por qué estaba Jesús "indignado"? Los discípulos estaban solo tratando de protegerlo, así el podría hacer "algo" más importante que estar con los niños. Los niños son débiles e indefensos. Ellos no tienen la experiencia de vida o la habilidad cognoscitiva para comprender la enseñanza de Jesús. ¿Por qué ellos se merecen una atención especial? Algo como esto debe haber sido lo que pensaron los discípulos, como muchos de los seguidores de Jesús piensan hoy en día.

De Mateo 19:13-15:

> Llevaron unos niños a Jesús para que les impusiera las manos y orara por ellos, pero los discípulos reprendían a quienes los llevaban. Jesús dijo: "Dejen que los niños vengan a mí, y no se lo impidan, porque el reino de los cielos es de quienes son como ellos." Después de poner las manos sobre ellos, se fue de allí.

De Marcos 10:13-16:

> Empezaron a llevarle niños a Jesús para que los tocara, pero los discípulos reprendían a quienes los llevaban. Cuando Jesús se dio cuenta, se indignó y les dijo: "Dejen que los niños vengan a mí, y no se lo impidan, porque el reino de Dios es de quienes son como ellos. Les aseguro que el que no reciba el reino de Dios como un niño, de ninguna manera entrará en él." Y después de abrazarlos, los bendecía poniendo las manos sobre ellos.

De Lucas 18:15-17:

> También le llevaban niños pequeños a Jesús para que los tocara. Al ver esto, los discípulos reprendían a quienes los llevaban. Pero Jesús llamó a los niños y dijo: "Dejen que los niños vengan a mí, y no se lo impidan, porque el reino de Dios es de quienes son como ellos. Les aseguro que el que no reciba el reino de Dios como un niño, de ninguna manera entrará en él."

Cuando volvemos nuestra atención lejos de los adultos en la parábola y la enfocamos en cambio sobre los niños que Jesús recibió, nos damos cuenta de algo irónico. Incluso, a ellos no les importa la experiencia de los adultos o las etapas de la habilidad cognoscitiva. Ellos saben lo que saben sobre Jesús no-verbalmente. Desde su punto de vista, su conocimiento de Jesús no es naïve. Tal vez esta es una razón de porque los niños están en el Reino y muchos adultos no. Los adultos a veces se vuelven tan dependientes del lenguaje para comprenderlo que pierden el poder del conocimiento no-verbal con el que nacieron para ingresar en el Reino.

Weber, sin embargo, cuidadosamente argumenta en contra de esta idea. Para el la parábola no es sobre la naturaleza de los niños. Jesús incluyó a los pequeños en el Reino no a causa de algo positivo acerca de su naturaleza.[75] Fue *a pesar* de su falta de mérito. Esta es una parábola, argumenta, la cual es acerca de la naturaleza de Dios en lugar de la naturaleza de los niños.

Si tomamos una visión elevada de los niños nos damos cuenta de algo más. La apreciación ontológica del niño silencioso, situado en medio de los adultos hablando, muestra que el niño porta la revelación silenciosamente. En el Nuevo Testamento, es Pablo, no los niños, quien es el modelo principal de una persona indigna que es aceptada por la gracia.

LOS TEXTOS DE LA PIEDRA AL CUELLO

El cuarto texto que deberíamos considerar no fue comentado por Weber. Quiero incluirlo, porque declara clara y apasionadamente que dificultar que los niños sean niños es una cuestión de vida o muerte. Esto es porque los niños son portadores de la revelación para los otros así como también para los adultos que los rodean.

Este grupo de textos podrían llamarse "los textos de la piedra al cuello" Se encuentran en Mateo 18:6-9, Marcos 9:42-48 y Lucas 17:1-2. Todos ellos prescriben una muerte horrible para aquellos que causen un tropiezo a los pequeños. Dos de los tres también proclaman la auto-mutilación.

De Mateo 18:6-9:

> Pero si alguien hace pecar a uno de estos pequeños que creen en mí, más le valdría que le colgaran al cuello una gran piedra de molino y lo hundieran en lo profundo del mar. ¡Ay del mundo por las cosas que hacen pecar a la gente! Inevitable es que sucedan, pero ¡ay del que hace pecar a los demás! Si tú mano o tu pie te hace pecar, córtatelo y arrójalo. Más te vale entrar en la vida manco o cojo que ser arrojado al fuego eterno con tus dos manos y tus dos pies. Y si tu ojo te hace pecar, sácatelo y arrójalo. Más te vale entrar tuerto en la vida que con dos ojos ser arrojado al fuego del infierno.

De Marcos 9:42-48:

> Pero si alguien hace pecar a uno de estos pequeños que creen en mí, más le valdría que le ataran al cuello una piedra de molino y lo arrojaran al mar. Si tu mano te hace pecar, córtatela. Más te vale entrar en la vida manco, que ir con las dos manos al infierno, donde el fuego nunca se apaga. Y si tu pie te hace pecar, córtatelo. Más te vale entrar en la vida cojo, que ser arrojado con los dos pies al infierno. Y si tu ojo te hace pecar, sácatelo. Más te vale entrar tuerto en el reino de Dios, que ser arrojado con los dos ojos al infierno, donde su gusano no muere, y el fuego no se apaga.

De Lucas 17:1-2:

> Luego dijo Jesús a sus discípulos: "Los tropiezos son inevitables, pero ¡ay de aquel que los ocasiona! Más le valdría ser arrojado al mar con una piedra de molino atada al cuello, que servir de tropiezo a uno solo de estos pequeños."

Estos tres textos pueden ser conectados con la indignación de Jesús con los discípulos, a quienes les molesta que los niños vengan a el. Mateo conecta este texto directamente con "Dejen que los niños vengan a mi" mientras que Marcos y Lucas localizan los dichos en diferentes contextos pero con la conexión manteniéndose a un nivel implícito. El contexto diferente no cambia el significado o la urgencia de este dicho. Es lenguaje violento sobre un tema de vida o muerte.

VOLVERSE COMO NIÑOS

El quinto texto que consideraremos que vamos a considerar también "flota" en diferentes contextos. Weber llamó a este texto "Volverse Como Niños" y lo aisló como un dicho independiente. El texto es acerca de cómo los niños reciben el Reino así como, observó Weber ellos "mendigan" y "reclaman" comida. El texto sucede en dos contextos diferentes. En Mateo 18:3, el contexto es el discurso sobre la verdadera grandeza. En Marcos 10:15 y en Lucas 18:17; el contexto es la instrucción de Jesús para que dejen que los niños vengan a él.

De Mateo 18:3:

> Entonces dijo: "Les aseguro que a menos que ustedes cambien y se vuelvan como niños, no entrarán en el reino de los cielos."

De Marcos 10:15:

> "Les aseguro que el que no reciba el reino de Dios como un niño, de ninguna manera entrará en él."

De Lucas 18:17:

> "Les aseguro que el que no reciba el reino de Dios como un niño, de ninguna manera entrará en él."

Este dicho no es sobre que los niños sean más humildes de lo que los adultos son. Es sobre como los adultos no se dan cuenta de que ellos permanecen en la misma posición que los niños en relación con la vida y la muerte, aún cuando ellos son adultos. Weber llama a esta comprensión "humildad objetiva."

El libro de Weber incluye una breve investigación al igual que los textos históricos principales para mostrar como la gente en el medio este de la cuenca del Mediterráneo veían a la educación en el tiempo de Jesús. En contra de estos antecedentes el concluyó que "Un Niño en Medio de Ellos" es acerca de la enseñanza del niño a los discípulos. La visión de Jesús estaba en contradicción en como veían a los niños y la educación en Roma, Grecia y Jerusalén. Weber cree que es una parábola del reverso. Yo, estoy de acuerdo.

Weber conecta la visión de Jesús de los niños con uno de los temas generales de Jesús, el de los primeros serán los últimos y los últimos serán los primeros. Siete veces en los Evangelios, por sus cuentas, hay versiones de este dicho. Su punto es que la retórica del reverso no es solo una característica de la comunicación de Jesús sino también es un hecho natural en el caso de los niños. Ellos enseñan "humildad objetiva" a los adultos, si los adultos pueden ver más allá de su interpretación habitual de los niños como materia prima para la educación adulta.

Ver más allá de la visión pobre de los niños, la cual prevalece hoy en día así como lo hizo en la antigüedad, es, por supuesto, el problema. La ironía adicional es esta situación es que los adultos necesitan la habilidad intuitiva de un niño para reconocer que es lo que el niño tiene para enseñar. Ellos necesitan conocer a los niños en su propio terreno y en si propia forma de conocimiento para comprender que lo que necesitan para entrar en el Reino.

Vamos ahora hacia tres textos donde hay menos testimonio y menos conexión directa entre Jesús y los niños. Sin embargo, los textos están aún relacionados a Jesús y los niños, y a una teología de la niñez.

NACER OTRA VEZ

En el sexto texto (Juan 3:3, 5) conocemos a Nicodemo, quien viene por la noche y reconoce a Jesús como el Rabí. Este sugiere que para que los adultos entren al Reino necesitan nacer otra vez o nacer "desde arriba." A través de Nicodemo, Juan ha introducido la idea de una segunda ingenuidad. Esto nos da una pista de cuanto cambio es necesario de parte de los adultos para entrar, recibir o estar en el Reino como un niño. Se requiere una transformación total. Este es un descubrimiento existencial que abarca todo, no simplemente es un asunto de razón y voluntad.

De Juan 3:3-4

> "De veras te aseguro que quien no nazca de nuevo no puede ver el reino de Dios —dijo Jesús. "¿Cómo puede uno nacer de nuevo siendo ya viejo? —Preguntó Nicodemo—. ¿Acaso puede entrar por segunda vez en el vientre de su madre y volver a nacer?"

De Juan 3:5-8

> "Yo te aseguro que quien no nazca de agua y del Espíritu, no puede entrar en el reino de Dios —respondió Jesús. "Lo que nace del cuerpo es cuerpo; lo que nace del Espíritu es espíritu. No te sorprendas de que te haya dicho: 'Tienen que nacer de nuevo.' El viento sopla por donde quiere, y lo oyes silbar, aunque ignoras de dónde viene y a dónde va. Lo mismo pasa con todo el que nace del Espíritu."

La idea de la segunda inocencia es una que no será desarrollada aquí, pero está enraizada en el trabajo de Jim Fowler en una manera teológica-sicológica.[76]

EL GRITO DEL NIÑO

El séptimo texto que vamos a comentar es uno de los dos últimos en ser mencionados. Ambos de estos textos están relacionados al poder de la intuición de lo niños. En Mateo 21:15-16 encontramos a Jesús limpiando el templo, curando, y el niño gritando, "Hosanna al Hijo de David." Los sacerdotes en jefe y los escribas se enojan y le dicen a Jesús, "¿Oyes lo que esos están diciendo?"

De Mateo 21:15-16

> Pero cuando los jefes de los sacerdotes y los maestros de la ley vieron que hacía cosas maravillosas, y que los niños gritaban en el templo: "¡Hosanna al Hijo de David!", se indignaron. "¿Oyes lo que ésos están diciendo?" —protestaron. "Claro que sí" —respondió Jesús; "¿no han leído nunca:
> 'En los labios de los pequeños y de los niños de pecho
> has puesto la perfecta alabanza'?"

El niño sabía algo que los jefes sacerdotes y los escribas no querían admitir o no podían descifrar. Jesús reconoce esto y cita probablemente el Salmo 8:2: "Por causa de tus adversarios has hecho que brote la alabanza de labios de los pequeñitos y de los niños de pecho..." Ellos saben esto por su sistema de comunicación no-verbal, por el cual ellos intuyen el descubrimiento que gritan como plegaria, utilizando las palabras más apropiadas que conocen.

El contexto para éste pasaje es sobre la limpieza del templo. El niño entra en Mateo (21:15-16), pero el contexto se encuentra en los cuatro evangelios: Mateo 21:12-17, Marcos 11:15-19, Lucas 19:45-46, y Juan 2:13-25.

REVELADO A LOS NIÑOS

El octavo texto también es sobre la intuición de los niños. La experiencia de la presencia de Dios y el poder que este engendra en los seres humanos puede convertirse fácilmente en una cuestión de orgullo. Esto distorsiona el poder de Dios haciéndolo parecer ser nosotros mismos. Tal distorsión es más probable que se haga entre "el sabio y el inteligente" que entre los niños que toman la presencia de Dios por descontada.

De Mateo 11:25-26

> En aquel tiempo Jesús dijo: "Te alabo, Padre, Señor del cielo y de la tierra, porque habiendo escondido estas cosas de los sabios e instruidos, se las has revelado a los que son como niños. Sí, Padre, porque esa fue tu buena voluntad."

De Lucas 10:21

> En aquel momento Jesús, lleno de alegría por el Espíritu Santo, dijo: "Te alabo, Padre, Señor del cielo y de la tierra, porque habiendo escondido estas cosas de los sabios e instruidos, se las has revelado a los que son como niños. Sí, Padre, porque esa fue tu buena voluntad."

En Mateo estos dichos vienen después que los discípulos de Juan se hayan ido para informarle lo que vieron. Jesús después pronuncia las ayees sobre las ciudades y reflexiona sobre su conocimiento del Padre. El invita a todos aquellos que están cansados y agobiados que vengan a él, porque el les dará descanso. Aquí está el punto: Jesús es tan accesible como un niño. Venir ante el es muy distinto que estar ante la presencia de Augusto Cesar, Herodes, o de un sacerdote en el templo de Jerusalén. Como con un niño, la distancia y la aún fácil familiaridad se combinan en la presencia de Jesús.

En Lucas estos dichos están insertos en la narrativa acerca del regreso de los setenta y dos quienes se han asombrado de su poder. Jesús se regocija en su descubrimiento como un niño, pero también los advierte de no centrarse en este poder como si fuera de ellos. En cambio, es mejor su conocimiento de que sus "nombres están escritos en el cielo." La presencia de Dios puede llenar a alguien con energía, pero Dios se esconde de la gente que está demasiado llena de confianza en su propia energía y creatividad. La divinidad es revelada en su lugar a los niños pequeños por intuición o a los adultos inocentes y naturales (no a los infantiles).

Esto completa la interpretación de los ocho principales textos del evangelio sobre Jesús y los niños. Nos volvemos ahora a la delicada tarea de trasladar los temas encontrados interpretando en conceptos, las narraciones y dichos de Jesús con una elevada visión de los niños. Luego agruparemos los ocho conceptos alrededor de tres proposiciones enunciadas.

DESDE TEMAS INTERPRETATIVOS A PROPOSICIONES

Mi resumen conceptual de los ocho temas interpretados arriba es el siguiente:

1. Como con el niño en el mercado, a veces un juego no ocurre—porque es el juego equivocado para ser jugado.
2. Un niño silencioso es colocado entre los ruidosos discípulos para apreciación ontológica: es el niño silencioso el que enseña.
3. No entorpezca a los niños. Deje que ellos se acerquen a Jesús para una bendición, la cual, sin hablar, ellos saben que necesitan.
4. Causarle tropiezos a los niños—para que no sean bendecidos—es una cuestión de vida o muerte.
5. Para entrar en el Reino uno necesita volverse como un niño.
6. Nicodemo descubre la necesidad de una transformación completa, una segunda natividad, para entrar en el Reino como adulto.

7. Los niños pueden intuir la presencia de Jesús y expresar su descubrimiento.
8. Los niños pueden intuir el poder de Jesús de una manera demasiado segura de sí misma, que los adultos no pueden hacer.

Yo afirmo que nosotros podemos desarrollar más una teología de la niñez de los conceptos antes vertidos prestando atención a los niños que nos rodean y recordando nuestra propia niñez. Cuando hacemos esto, los temas caen en tres grupos, cada grupo transformándose en las bases de una proposición única. Ahora daremos una breve mirada a cada proposición para obtener una visión general de ellas antes de explayarnos en cada una en la sección siguiente.

PRIMERA PROPOSICION: ESCONDIDAS

La primera proposición es que nuestra relación con Dios es de un Cu-Cu ¡Tras! (así es en España, en otros países, conocido como: ¡No esta bebé… ahí esta!, Cu-Cu, etc.—jugar a las escondidas con una bebé utilizando las manos, original en Inglés, Peekaboo) y, al desarrollarse, uno de Escondidas (original en Inglés, Hide-and-Seek, en otros países Escondidillas, Topa, Pica, etc.).esto puede dignificarse en Latín por la frase en que Dios es *Deus Absconditus atque Praesens*. (Dios también aún en el presente está escondido.) ¡Esto es porque nosotros no jugamos Escondidas con gente que sabemos que no esta allí! La posibilidad de la presencia que puede ser revelada es necesaria para que el juego siga adelante.

Los temas específicos identificados con esta proposición son los números uno y seis. Los niños jugarán con que y con quien ellos quieran. Usted no puede obligar a los niños (o adultos) a jugar. Si los adultos realmente quieren conocer a los niños, necesitan nacer otra vez en una segunda natividad. Esto es como nacer del cielo en lugar de la tierra, porque es muy diferente de la conciencia adulta "normal." Estos textos implican que estas Escondidas teológicas continúan por toda la vida. De hecho, el objetivo del juego es que este continúe en lugar de un final con un ganador o un perdedor.

SEGUNDA PROPOSICIÓN: EL NIÑO SILENCIOSO

La segunda proposición es que es el niño silencioso el que enseña, así que los adultos aprenden de los niños no por lo que estos dicen, sino por lo que ellos son. Los que lo adultos necesitan de los niños es la renovación de sus poderes no verbales de comunicación. Desde que la espiritualidad humana es, me gustaría sugerir, uno de nuestros poderes no verbales de comunicación, la apreciación ontológica de un niño es profundamente importante para el desarrollo de la espiritualidad adulta, la cual a su vez sostiene la espiritualidad del niño.

Los temas desde los cuales nosotros construimos esta proposición son el dos, el cinco, siete y ocho. Un niño enseña por ser un niño. Para entrar en el reino necesitamos convertirnos en un niño. El niño puede intuir la divinidad, como lo hizo el niño en el

Templo cuando pasó Jesús. Esta es su espiritualidad no verbal conectándose con la espiritualidad no verbal de Jesús. Finalmente, los niños están más abiertos a la espiritualidad que los adultos, quienes dependen más de sus habilidades con palabras que de la comunicación no verbal que tenían antes de tener un lenguaje.

TERCERA PROPOSICION: UNA ETICA DE BENDICIÓN

La tercera proposición es que la bendición es una cuestión de vida o muerte. El niño humano no sobrevivirá sin un largo período de relaciones nutritivas. El tipo de relaciones es tan importante como el hecho de la relación. Jesús no mostró la cualidad necesaria para tales relaciones. Tienen la propiedad de bendición. Una bendición afirma a una persona y aún da lugar a lo mejor de él o ella.

Los temas que se reúnen para hacer esta proposición son el tres y el cuatro. Jesús se indigna cuando los discípulos impiden que los niños vengan a él por una bendición. Este es lenguaje violento, pero aún más violento es el lenguaje de las declaraciones de la piedra al cuello. Es mejor que seamos asesinados de una manera horrible que causemos que un pequeño tropiece (que no sea bendecido). Tal lenguaje sugiere (para decir lo menos) que Jesús considera la cuestión de la bendición y el no provocar que un pequeño tropiece una cuestión de vida o muerte.

Concluimos, entonces, que las tres proposiciones principales para una teología de la niñez son:
- La elusiva presencia de Dios en nuestro viaje de vida y muerte.
- La importancia de la comunicación no verbal para conocer a Dios en este viaje.
- Una ética de bendición para guiar nuestras acciones y desarrollo en este viaje.

UNA TEOLOGIA DE LA NIÑEZ Y JUGAR JUNTO A DIOS

Usted puede ver, ahora, como esta teología guía a Jugar Junto a Dios:
- Las lecciones están presentadas en una manera que permite a los niños descubrir la presencia de Dios a escondidas, en sentido comunitario y personal.
- La lección no hablada muestra lo que nosotros no podemos decir acerca de la presencia de Dios.
- La calidad de la relación con Dios en un ambiente de Jugar Junto a Dios porta la propiedad de la bendición, afirmando y aún da lugar a lo mejor en los niños y en sus guías adultos.

Más aún, llegar a conocer a los niños se logra mediante las mismas tres proposiciones, lo que a su vez determina la forma en que los niños nos revelan nuestra propia madurez. Buscar y encontrar la elusiva presencia de los niños es una metáfora para la elusiva presencia de Dios. Los niños no se revelan a sí mismos en nuestro horario o en nuestros estándares de lenguaje. Conocer a un niño es un arte delicado. Conlleva un continuo juego de Escondidas. El tan mentado "tiempo de calidad" que muchos esperan y planifican para los niños no se puede programar con ninguna garantía que el niño estará preparado para cuando lo este el adulto. La revelación de Dios funciona de la misma manera. No podemos engañar o coaccionar a Dios—o a nuestra propia madurez.

DESARROLLANDO LAS TRES PROPOSICIONES PRINCIPALES DE UNA TEOLOGIA DE LA NIÑEZ

PROPOSICIÓN UNO: CU-CU ¡ TRAS! Y EL DEUS ABSCONDITUS ATQUE PRAESENS

Cuando un infante crece inquieto y busca mamar de cualquier cosa o persona que lo toque, el instinto fundamental de la alimentación se pone en rigor, sin el cual, este moriría. Esta actividad no ilustra demasiado la creencia de Agustín de que un bebé es "la más malintencionada de todas las criaturas," sino una criatura que debe estar en relación para sostener su vida. El niño es el portador silencioso de esta revelación.

Muchas madres están tan en sintonía con las necesidades de su bebé enseguida del nacimiento que éste no está conciente de que hay algo "allí afuera" u "otro." Lentamente una conciencia de "lo otro" se desarrolla mientras la madre comienza a interesarse en el mundo que la rodea nuevamente además de interesarse por el recién nacido. Winnicott llama a esto "suficientemente maternal." Es esta separación de las necesidades del infante y las de la madre lo que despierta en el bebé una conciencia del otro.[77]

En tercer paso en el viaje del infante es la conciencia de que hay un "lugar" entre el yo y el otro que no es de ninguno y aún así es un poco de ambos. Winnicott llama a este un "espacio de transición" y sugirió que los orígenes del juego, religión y cultura yacen allí. Muchos adultos pueden recordar la manta que utilizaban cuando eran bebés, un animal de peluche o algún otro objeto que se transformó para el en un "objeto de transición," algo yo y
no-yo.

Una realidad teológica, parece para mi, algo desarrollado en este espacio. Es el juego fundamental que jugamos en todas nuestras vidas. Es Escondidas, la cual comienza y continúa la conciencia del Otro. Al principio todas las connotaciones del Otro están simbolizadas en el rostro de la madre, pero esto pronto se diferencia del padre y de otros que comienzan a cuidar al bebé. Continúa diferenciándose hasta que podemos analizar este juego por significados por medio de muchos juegos de lenguajes, desde poesía a física, pero la realidad teológica nunca se va.

Durante la infancia los pequeños exploran que es yo y que es otro, como mencionamos anteriormente. El Otro teológico de este juego está allí pero, aún así, sin diferenciar. Desde que no hay una diferenciación de esta búsqueda final, el juego teológico continúa tácito mientras uno madura.

Cuando jugamos con la conciencia del yo y el otro, nuestro viaje teológico se organiza alrededor de lo que parece ser solamente el juego de Cu-Cu ¡Tras! Los niños pequeños aman jugar a este juego, porque anima a la relación entre los jugadores introduciendo el cambio contra un fondo de conexión profunda.

Usted puede cubrir su cara con sus manos o algún objeto y luego descubrirla para sorpresa del bebé. Usted puede esconderse de su vista debajo del borde de la cuna y levantarse rápidamente, como un muñeco sorpresa saliendo de una caja. Cuando lanza la exclamación Cu-Cu ¡Tras! o ¡Acá esta!, los jugadores ríen, a menos que uno se halla escondido por mucho tiempo, se mueva muy rápidamente o grite demasiado.

Cuando el niño comienza a gatear el juego se transforma en Aquí Estoy Yo. Cuando usted lo llama, ¿Dónde estás?, el pequeño que se esta escondiendo usualmente puede ayudar con un "Aquí estoy." El juego no es realmente acerca de esconderse. Es sobre ser encontrado después de una momentánea pérdida de contacto visual.

"Ahora tú te escondes," ríe o gesticula el niño al adulto con su cara marcada feliz por el juego.

La escondida, por supuesto, necesita realizarse en vista clara o evidente. Quizás, el niño incluso lo cubrirá él, para estar seguro de que él o ella está en control de la escondida y de ser encontrado. La certeza de la relación es importante para el juego para permanecer jugando en lugar de desintegrarse en absoluta pérdida y terror.

Cerca del tiempo donde el niño irá a la escuela y comienza a interactuar con otros niños de forma regular, el juego de las Escondidas se vuelve más complejo. Ahora los niños ya corren y no meramente gatean. Pueden ir más lejos y ocultarse mejor. Todavía, a pesar del énfasis en esconderse o incluso la competencia de correr hacia una base para no ser "eso", el juego es aún uno que valora ser encontrado tanto como el esconderse.

También se desarrolla una variación de este juego. A veces un niño pequeño que recién empieza a andar se alejará corriendo de su papá o mamá mientras ríe. Cuando los niños son más grandes y están en la escuela, ellos hasta aún huirán del maestro. Esto no lo hacen para acosar a los padres o maestros sino para ver si el adulto puede meterse en un juego de Atrápame Si Puedes. Los niños quieren saber, si los padres o maestros, los cuidan lo suficiente como para mantenerlos lejos de correr y desaparecer.

Más variaciones de este juego aparecen durante la adolescencia. Los adolescentes juegan a las Escondidas con sus padres y maestros. Los noviazgos incluyen muchos tipos de Escondidas en sus rituales, aún hoy, cuando la costumbre impone una clase de no-noviazgo para el desarrollo de las relaciones entre los sexos.

Más adelante el juego de las Escondidas se transforma en más abiertamente teológico. El poema de Francis Thompson "The Hound of Heaven" (El Lebrel del Cielo—Nota del traductor: basado en la traducción de Carlos A. Sáez) es un ejemplo. A Francis Thompson (1859-1907) no se le permitió ingresar en el sacerdocio. Falló en sus estudios médicos. Finalmente, vagó por las calles de Londres, adicto al opio, pero aún transcurría el juego con Dios, como lo muestra su poema:

> Le huía noche y día
> a través de los arcos de los años,
> y le huía a porfía
> por entre los tortuosos aledaños
> de mi alma, y me cubría
> con la niebla del llanto
> o con la carcajada, como un manto
> El miedo no alcanzaba
> a huir cuanto el Amor me perseguía.
> Persecución sin prisa, imperturbable,
> majestuosa inminencia. En las veredas
> dejan los Pasos que la Voz me hable:
> "Nada te hospedará si no me hospedas"[78]

Tal vez los poetas son los mejores en este juego, pero otro jugador es Samuel Terrien, quien explora este tema en la teología bíblica de *La Elusiva Presencia*.[79] Su argumento es lo que necesitamos exponer de la experiencia de la elusiva presencia de Dios en las Escrituras Hebreas y la Biblia Cristiana, para descubrir que es lo que sostiene esa narrativa dogmática y sus tantos géneros juntos. Uno podría desarrollar un concepto de esta experiencia tal como una relación de alianza o pacto, pero esa abstracción está basada en la variedad de las experiencias de la elusiva presencia de Dios. Estas experiencias, son las que las Escrituras Hebreas y Cristianas tienen en común, a pesar de los diferentes conceptos y palabras por las cuales ellos traten de describirlas y explicarlas.

El juego con el *Deus Absconditus atque Praesens* es uno de ser en relación con Dios sin ser abrumado por la presencia de Dios o perder totalmente el contacto. Esto es lo que James P. Carse llama un "juego infinito."[80] El punto es para que el juego continúe más que para que halla ganadores o perdedores. Al tener ganadores o perdedores el juego termina e, interrumpe la relación. Tal clase de juego rompe-relaciones es un "juego finito" en los términos de Carse.

El aspecto de las Escondidas no solamente se encuentra en la relación con Dios, la Santa Trinidad, sino también en el encontrar en el serio juego entre las Personas de la Trinidad y el juego de la Sabiduría tal como se menciona en Proverbios 8:30. Es adecuado que la traducción de los textos de los Proverbios cambie ambiguamente entre describir Sabiduría como un "obrero maestro" y un niño pequeño. Este cambio comienza a sonar como un evento de connotación irreducible y poesía en lugar de una decisión necesaria de hacer entre los dos términos por un traductor o intérprete. Madurez y niñez están siempre conectadas, como lo dijo y mostró Jesús.

PROPOSICION DOS: EL NIÑO SILENCIOSO ENSEÑA LA NECESIDAD DE LO NO VERBAL

La segunda proposición generada por esta teología de la niñez es también acerca de la importancia de las relaciones. Los niños enseñan inconcientemente todo el tiempo por su mismísimo ser. La ausencia de lenguaje en un niño pequeño nos invita a participar en una comunicación no verbal, aunque muchas veces nos perdemos la invitación debido a nuestra frustración sobre enseñar a los niños a hablar como adultos.

Como ya exploramos brevemente en el Capítulo 3, Terrance Deacon en las Especies Simbólicas: *La Evolución Conjunta del Lenguaje y el Cerebro*[81], describe la diferencia entre la comunicación verbal y no verbal. Nuestra especie ha desarrollado una habilidad única de lenguaje. Al mismo tiempo e independientemente, nuestro sistema de comunicación no verbal se ha desarrollado; compartimos esto en alguna medida con otras criaturas. Proporciona un marco interpretativo para nuestra comunicación verbal. Por ejemplo; yo puedo decir exactamente las mismas palabras con una sonrisa o con una sonrisa sarcástica e implicar algo bastante diferente.

En nuestro sistema no verbal tenemos la referencia icónica. La referencia icónica está limitada a señalar que es igual y que es diferente. La referencia indéxica (indexical) es reforzada desde lo icónico y vincula conexiones tales como humo y fuego. Estos dos tipos de comunicación proporcionan el terreno desde el cual tiene lugar, una especie de salto, un salto que produce la comunicación simbólica. Los símbolos son señales de significado, las cuales no funcionan sin acuerdo social. Esto es porque ellos no están conectados con lo a que ellos se refieren de cualquier otra manera significativa.

Algunos adultos retienen una sensibilidad especial hacia su referencia icónica e indéxica aún después que la referencia simbólica está bien diferenciada. Artistas que juegan con palabras, danza, piedras, pintura, música y otros medios están especialmente capacitados en esto. Los niños, por otro lado, no tienen elección que estar en sintonía con su referencia icónica e indéxica, desde que su referencia simbólica recién está desarrollándose. En este sentido, especialmente, ellos son artistas naturales.

Esta es la razón por la cual Jugar Junto a Dios está anclado o enraizado en ambos, la comunicación verbal y la no verbal. Cuando nosotros hablamos de la importancia de la "lección no verbal," queremos decir que los dos sistemas necesitan estar en sintonía para una comunicación clara y directa. Al generar discordia entre nuestros sistemas de comunicación verbal y no verbal causará que nosotros y otros tropecemos. Esto es especialmente trágico para los niños, porque les enseña discordia como comunicación.

Cuando hay discordia entre la comunicación verbal y no verbal de uno, resulta un doble juego. Los niños experimentan en sí mismos como equivocados de cualquier manera en que respondan. Finalmente, el dolor de la discordia abruma a la necesidad de relacionarse y renuncian. Sus almas se marchitan y mueren.

Tal discordia también es trágica para los adultos. Las raíces de las palabras son arrancadas de su suelo en lo no verbal. Nosotros no podemos vivir en un mundo creado por palabras acerca de palabras sin volvernos insanos como individuos o como culturas. Nuestra referencia simbólica necesita estar arraigada en el juego de nuestro sistema no verbal para ser creativos.

Una teología de la niñez celebra lo no verbal, entonces, y propone que mantengamos lo verbal y lo no verbal conectados congruentemente. En lugar de ser limitados a los temas de la teología clásica, estar alertas a ciertos temas como el silencio, el juego, la risa, el llanto, crear, la conciencia existencial y la espiritualidad que son parte de nuestro sistema de comunicación no verbal.

Como Deacon arguyó "El lenguaje evolucionó en un paralelo, al lado de gritos y gestos, y depende de ellos—es más, el lenguaje y muchas formas no lingüísticas humanas de comunicación probablemente evolucionaron en conjunto."[82] Jugar Junto a Dios, por lo tanto, se mueve a lo largo del borde entre lo verbal y lo no verbal por medio de la narrativa, liturgia, poesía, música y otros tipos de comunicación que están en ese "borde."

La teología clásica ha enfatizado la voluntad y la habilidad para razonar como el aspecto más importante del ser humano y el conocimiento. Ha hablado del misterio de la gracia y de la inefabilidad de experimentar a Dios. La relación entre la gracia y el uso de nuestra razón y voluntad ha sido largamente estudiada Tal vez una mejor comprensión de nuestros sistemas de comunicación verbal y no verbal, de la relación entre el sistema límbico y la toma de decisiones, y de la función de los dos hemisferios de nuestro cerebro, nos ayudarán a comprender más de esta diferencia entre la teología clásica y una teología de la niñez.

PROPOSICIÓN TRES: LA NECESIDAD DE LA RELACIÓN Y LA ÉTICA DE LA BENDICIÓN

Finalmente, llegamos a la tercera proposición generada por la visión única de lo niños de Jesús: como la calidad de la relación es una cuestión de vida o muerte. ¿Por qué Jesús estaba tan indignado con los discípulos y violento en su comunicación acerca de no estorbar a los niños? ¿Por qué es tan importante no apartarlos de la bendición ni hacer que tropiecen?

Es claro que nuestros vástagos morirán si son dejados sin relaciones que los nutran. Nuestra especie esta más desamparada y dependiente por mucho más tiempo que la mayoría de los otros tipos de criaturas. Fuimos, por tanto, creados con una necesidad especial de crianza. Fuimos creados para necesitarnos unos a otros. Sin amor no crecemos como bebés o adultos aún si nuestras necesidades físicas básicas son tomadas en cuenta.

Los niños nos recuerdan esa ontología, la naturaleza de ser, es relacional. Nosotros nacemos en este mundo extraño para morir. De la única manera que podemos estar "en casa" aquí es anidado en relaciones creativas y amorosas. Las ramillas son relaciones. El círculo es comunidad. El sentimiento del nido es criar.

Nosotros estamos orientados en nuestro niao por cuatro puntos cardinales existenciales: estar en casa en nuestras relaciones con los otros, con nuestro propio yo profundo, con la naturaleza y con Dios. La calidad de estas relaciones específicas es crítica para el éxito de nuestro viaje.

Cuando enseñamos a los niños a depender primariamente de las palabras, entorpecemos el desarrollo de un sentido fundamentado en relaciones. Si nuestra referencia simbólica no está en armonía con nuestra referencia icónica o indéxica, no daremos a entender lo que decimos o no diremos lo que queremos explicar. El resultado de esto es que nos volveremos irreales. La mejor manera de volver a sintonizarnos es siendo bendecido en una comunidad de bendición. Para decir esto de la manera más física posible, vamos, por tanto, a hablar acerca de lanzar al aire, sostener, mecer y caer.

A veces cuando los bebés son tomados fuertemente o envueltos en su manta muy ajustadamente, luchan para liberarse y hay lágrimas de desesperación. Sus lágrimas y llanto de angustia nos advierten que nuestro abrazo ha cesado de abrigar para crecer y ha comenzado a confinarlo.

Los adultos también experimentan angustia cuando están limitados. Nuestros gritos de advertencia pueden ser tragados cuando estamos confinados o controlados apretadamente. Muchas veces ocultamos tal angustia, porque las relaciones peligrosas, son mejores que ninguna relación.

Cuando elevamos suavemente a los bebés, ellos ríen. Si nuestro lanzamiento va un poco más allá en intensidad, pueden reírse igualmente, pero si los lanzamos al aire demasiado alto o caen mucho, hay estremecimientos, llanto y lágrimas de temor.

Si nosotros fuéramos lo suficientemente fuertes, y algunos adultos lo son, los adultos también podrían ser lanzados al aire y angustiados de la misma manera. Cuando esto sucede, nosotros también lloramos por temor. También gritamos cuando somos estresados psicológicamente. En uno de los extremos del espectro de las relaciones, la gente experimenta estrés de ser fuertemente controlados. El extremo opuesto del espectro, la gente experimenta estrés de ser ignorado. Lo opuesto a ser lanzado que nos asusta es ser abandonado. Tal pérdida de relación es muy difícil de sobrevivir.

En el medio del espectro de las relaciones esta un tipo de roce que sana, en lugar de meramente mantener o incluso destruir la vida. Este es el lugar de la bendición, el cual especialmente remarcó la parábola de Jesús de acción e indignación. Este tipo de roce o toque suave proporciona seguridad y apoyo. Anima a la vida en lugar de restringirla o ignorarla.

Bendecirnos unos a otros es una cuestión de éticas. Relacionado a nuestros cuatro puntos cardinales de referencia—naturaleza, otros, Dios y el yo profundo—es una cuestión de saber como actuar. El tema de la bendición de Jesús es ubicuo en la Biblia. Dios bendijo toda la creación existente, y cuando Dios bendijo a Abraham, bendijo a todo el pueblo de Dios (Génesis 12:1-2).

Jesús bendijo a los niños así como ellos se movían hacia él. Cuando los evangelios se refieren a este toque, usualmente infiere sanación. Una bendición reconoce a quien es bendecido. Los afirma en el lugar donde están. También da lugar a lo mejor en una persona. Es una declaración de esperanza y reconocimiento de lo que puede ser a través de la sanación.

La ética de la bendición, la cual está condensada dentro de esa imagen, es una que no es impersonal. La bendición es muy personal. No se exige ningún análisis de los principios de toma de decisiones. Hay un significado moral y una inevitabilidad sobre decisiones en la ética, pero no hay "decisionismo" tácito aquí. El enfoque central de esta imagen son las relaciones. Lo que ellos hacen no se distingue de quienes son en la comunidad.

La bendición involucra los tres aspectos del evento moral. Incluye motivo, acción y resultado. Usted no puede sustraer cualquiera de estos tres aspectos de la situación moral y aún tener una bendición.

Nosotros necesitamos la bendición. Necesitamos movernos hacia ella. Necesitamos ser bendecidos y bendecir. Esto no sola y meramente porque Jesús lo hizo. Este tipo de argumento sobre la autoridad que podría tener el agua en algunos círculos Cristianos, pero el argumento aquí está basado en que los niños y los adultos necesitan ser totalmente humanos en términos de su definición teológica como criaturas que fueron creadas a imagen de su Creador. Además, los adultos necesitan ser bendecidos para despertar a su niño interior y experimentar un segundo nacimiento o "naivete," lo que a su vez estimula al niño a ponerse en contacto con, lo que a su vez estimula a los adultos. Las generaciones necesitan bendecirse mutuamente unas con otras, para ser verdaderamente cristianas en la tradición del Antiguo y Nuevo Testamento.

Esta bendición mutua crea un "lugar" entre estar confinados y ser abandonados, un lugar entre la rigidez y el caos, un lugar de rica complejidad, el cual es nuestro "hogar." Es un lugar de creatividad y juego. Es la fuente de la gracia, una manera de avanzar fluidamente sin tropezar.

En el Sermón de la Montaña (Mateo 5-7), Jesús vuelve al tema de la bendición y especifica el tipo de acciones que están bendecidas y que bendicen. El pobre en espíritu, aquellos que lloran, el sumiso, aquellos que desean lo que es justo, el compasivo, el puro de corazón, los que trabajan por la paz, los perseguidos por causa de la justicia, y aquellos que hablan falsamente como un manera de atacar a Jesús—estas características suenan como la situación en la que la sociedad a forzado a los niños a entrar en cada centuria. Hay poder en reconocer tal falta de inocencia. Nos da las bases para dar lugar a lo mejor en nosotros.

Por ejemplo, en Norwich, Inglaterra, el Reverendo Dr. Samuel Wells, un experto sobre las éticas de Stanley Hauerwas, encontró que la parroquia anglicana de St. Elizabeth, de la cual él es vicario, necesitaba un nuevo enfoque en su relación con la comunidad. Wells estaba preocupado por la importancia de concebir a la Iglesia como un niño en lugar de como un padre.

Cuando un edificio nuevo fue construido en 1991, hubo un vandalismo terrible en los primeros cinco años. En conversación con un chica que había lanzado piedras a la casa del vicario anterior, el supo que las piedras habían sido lanzadas porque ella no creía en Dios. Fue en esta conversación que el descubrió algo acerca de la ética del niño y la bendición, de los cual era realmente de lo que estaba hablando esa chica.

Gradualmente la Iglesia se ha dado cuenta de que la persona joven que lanzó la piedra es de hecho representativa de una visión más amplia, y así más que como un padre, mientras que la Iglesia, siendo pequeña y no tomada en serio, es de hecho más como un niño. El poder de la Iglesia no es el de un padre—grandes recursos, más experiencia, gran fortaleza física; en cambio, el poder de la

Iglesia es el del niño—persistencia y perseverancia, y la tendencia de hacer preguntas inoportunas o embarazosas.[83]

Así cuando llegue el momento de sentarse con los otros grupos en la comunidad, la Iglesia se sienta como un niño, aún aprendiendo, potencialmente revoltosa, más que como un padre, diciendo "vengan a ver donde estamos." La apertura para ser bendecido es tan importante como bendecir.

CONCLUSIÓN

La bendición mutua de las diferentes edades unas por otras es crítica para nuestro desarrollo como seres humanos. La etapa de Erik Erikson de la Creatividad versus el Estancamiento es la más larga y ocurre en la edad adulta.[84]

El aprendizaje y la transmisión cultural, juegan una parte enorme en el sustento de nuestra especie. La creatividad tiene que ver con establecer y guiar a la generación siguiente, sean nuestros propios hijos, colegas de negocios o proyectos personales. Individuos ensimismados no expanden sus intereses en ese sentido, y su inversión de energía es solo en ellos mismos. Esto los empobrece, y comienzan a sentir una sensación de estancamiento, de esa manera nunca desarrollan la habilidad de cuidar. Tales adultos pueden derribar a toda la raza humana si tienen el poder suficiente.

El fracaso en desarrollar la habilidad de cuidar debilita la habilidad para la siguiente etapa donde, en los términos de Erikson, la entrada es Integridad versus Desesperación. Cuando la integridad es mayor que la desesperación, emerge la fuerza de la sabiduría. Un nuevo, un eterno y reconocido amor se siente hacia uno de los padres y otra de las personas significativas en la vida. Hay hasta un sentido de camaradería con gente de tiempos distantes y otras vocaciones quienes han dejado una herencia de amor y dignidad humana.

Sin ancianos sabios tenemos solamente "ancianos," aislados en una vejez sin juego. Ellos son biológicamente sustentables pero faltos de sabiduría para contribuir al ciclo de la vida de los otros y el de ellos mismos. Sin ancianos para impartir sabiduría, somos menos sustentables como especie.

Es la sabiduría que trae sentido del humor a la vida y a la muerte, un sentido de gracia, la cual es en gran parte no hablada. Sin un sentido del humor y gracia la raza humana es especialmente peligrosa para la vida en el universo. Nosotros somos las únicas criaturas los suficientemente poderosas y creativas para enfrentarnos con la forma de vida más peligrosa—nosotros mismos. ¿Es entonces demasiado apocalíptico decir que Jugar Junto a Dios—en cualquier forma que elija para dedicarse a el, o cualquiera sea el nombre que elija para llamarlo—es una cuestión de vida o muerte?

REFLEXIÓN: UNA TEOLOGÍA DE LA NIÑEZ

- ¿Qué prácticas en su comunidad reflejan una visión pobre de los niños? ¿En su iglesia? ¿En su ministerio?

- ¿Qué prácticas en su comunidad reflejan una visión elevada de los niños? ¿En su iglesia? ¿En su ministerio?

- Elija una de las ocho historias de Jesús sobre la niñez. (Páginas 122 a 130) ¿Qué le gustó más acerca de esta historia?

- ¿Qué parte de esta historia es la más importante?

- ¿Dónde está usted en esta historia o qué parte de ella es sobre usted?

- ¿En que parte de su vida, usted puede identificar la experiencia de jugar a las Escondidas con Dios? ¿En que parte de su vida le gustaría hacer más espacio para esta experiencia?

- ¿En que parte de su vida, usted puede identificar la experiencia del silencio sagrado? ¿En que parte de su vida le gustaría hacer más espacio para esta experiencia?

- ¿En que parte de su vida, usted puede identificar la experiencia de vivir la ética de la bendición? ¿En que parte de su vida le gustaría hacer más espacio para esta experiencia?

EPÍLOGO
UNA ÚLTIMA HISTORIA

NAVIDAD INESTABLE

La iglesia se situaba en un alto promontorio. Sus agujas apuntaban más allá del punto de fuga. Dentro, cada semana, se jugaba a las Escondidas. A veces, Dios se escondía. Otras, la gente lo hacía. Todos ganaban cuando el pan y el vino eran compartidos, teniendo el gusto del tiempo y el espacio.

Un día, un sacerdote caminó cuidadosamente a través de la nave principal inspeccionando los recintos sagrados. Luego, fue hacia el nartex, y finalmente se detuvo ante una puerta de roble. La gran llave dio vueltas con dificultad en la cerradura, luego la puerta fue gradualmente empujada hasta abrirla.

Bajó dando vueltas por una escalera circular de piedra adentrándose en la parte más profunda de la estructura, debajo de la gran torre. Al final, se encontraba un cuarto redondo. En su centro, se encontraba una silla en madera tallada. Parecía haber echado raíces en ese lugar. No era para sentarse. Nadie podía recordar porque estaba allí.

Mientras miraba alrededor del salón, el sacerdote sintió que algo no encajaba. Entonces, ¡lo vio! Una diminuta, casi transparente plantita estaba empujando sus zarcillos por debajo de la silla entre dos piedras del piso.

El arremetió y trató de arrancarla desde la raíz, pero esta no se movió. Seguidamente, trató de quebrarla como si fuera vidrio, pero esta, se curvó como si fuera de plástico blando. Finalmente, se puso de rodillas. No lo hizo para rezar sino para cortar la planta limpiamente con un cuchillo afilado. Todo estaba inmaculado nuevamente, pero el sacerdote estaba sudando y comenzó a subir regresando por las escaleras.

Pasaron unos pocos días, pero el tema del crecimiento de la planta siguió volviendo a su mente. El sacerdote regreso para ver si todo estaba bien. No lo estaba.

La planta había crecido una vez más por sobre el nivel del piso. Fue cortada una y otra vez. Muy pronto, todos sabían que era cierto. Cuando recortas una planta en crecimiento, esta crece más fuerte.

Un consejo especial decidió que la intrusión debería ser sepultada debajo de un piso nuevo, colocado sobre el antiguo. Fueron convocados picapedreros, y el trabajo se hizo.

La semana siguiente el sacerdote inspector abrió la puerta de roble y descendió las escaleras de piedra. Subió penosamente los escalones conmocionado para pedir ayuda. Cuando todos se reunieron en el salón circular, cada uno llevaba una linterna. Cientos de vástagos transparentes relucían a lo largo de las paredes y del techo en la luz parpadeante. Mientras miraban, rocas se desprendieron y cayeron al piso con estrépito. Era peor de lo que cualquiera podía haberse imaginado. ¡La planta en crecimiento había escapado!

El sacerdote se puso frenético. Se llamaron obreros esa misma noche. Estos llevaron piedras dentro de la iglesia a la luz de las antorchas y las hicieron rodar hacia las profundidades. Pronto, el salón entero estaba lleno con piedras y cementos. Finalmente, durante los oscuros días de invierno, la entrada fue sellada. Para cuando la nieve se deslizaba con estrépito desde el tejado de cobre verde en primavera, la victoria parecía alcanzada.

La gente de la aldea no sabía nada acerca de la lucha, pero la había visto. ¿Para qué era toda aquella piedra? se preguntaban. Mientras el clima se templaba, su atención se volvió hacia otras cosas, especialmente después de de un particular servicio de mitad de semana.

La liturgia a mitad de semana era silenciosa, desde que solamente venían unas pocas personas para rezar. Se podía casi escuchar a la luz del sol deslizándose a través de los vidrios y explotando en colores.

Un día, se escuchó el sonido débil de un sollozo, pero no se pudo encontrar a nadie llorando. Unas pocas semanas después, rastros de humedad comenzaron a brillar en la gran ventana del frente. No se pudo encontrar ninguna explicación natural para eso.

El sonido de los sollozos se hizo más fuerte mientras pasaban los meses del verano. Para el otoño la humanidad corría como lágrimas por la ventana del frente. Una vez el sacerdote puso su dedo en el agua y la saboreó, como una broma, para ver si era salada. Lo era.

Ahora, muchos extraños venían a la iglesia. Escuchaban con la parroquia los sollozos y miraban el agua deslizarse hacia abajo por el vidrio. En su devoción no vieron las pequeñas grietas que aparecieron en las paredes. Cuando las grandes vigas que estaban sobre ellos gimieron, se asustaron y miraron hacia arriba, pero el techo abovedado estaba muy alto para que vieran cuan torcidas estaban las vigas de madera.

Durante los últimos días de otoño, un fino polvo se asentó sobre todas las cosas en la iglesia. No importa cuanta limpieza se hacía, siempre se necesitaba más. El polvo se filtraba dentro del pan y el vino sagrado, y dentro de los rígidos cuellos de los sacerdotes. Todos se sentían incómodos, pero la gente no dejo de venir hasta que su molestia se transformó en temor.

Para el invierno la madera chillaba. El edificio se estremecía. No se cantaban canciones ni se hacían servicios. Nada podía oírse en su interior, a no ser el astillarse de la madera, el crujir del techo y la caída de las piedras.

En la mañana de Navidad el sacerdote trató de celebrar el nacimiento de Cristo en ese lugar. Cuando entraron en la peligrosa iglesia se quedaron atónitos. ¡Durante la noche el techo se había abierto! Pedazos del empizarrado y cobre caían con estruendo contra el piso de piedra y rompían los bancos de madera. Sobre ellos, el cielo invernal.

Así como trataban de entrar, enormes pedazos de madera, cachos de piedra, fragmentos de yeso y hasta campanas comenzaron a caer como una gran avalancha dentro de la gran aguja. ¡La estructura completa estaba por venirse abajo! Los sacerdotes corrieron afuera hacia la nieve, sus togas volando tras ellos.

Tan lejos como los sacerdotes pudieron correr, se detuvieron, jadeando y resollando buscando respirar en el frío. Se podían ver sus respiraciones circundándolos mientras se daban vuelta miedosos para ver nuevamente la iglesia. Lo que vieron fue que la gran torre se vino abajo con inmensa dignidad. No se hundió. Se vino abajo dentro de sí misma, atrapando sus propios escombros mientras caían.

Ahogados con polvo y ruinas, los sacerdotes, tiritaban en el frío, se secaban lágrimas de los ojos. La tierra se estremeció debajo de ellos, y sus oídos latieron pulsantes cuando el sonido de la catástrofe los alcanzó. Apenas podían estar parados mientras la fina nube de destrucción los envolvía y ensuciaba el lugar sagrado en el que habían crecido para conocer tan bien.

Se levantó una brisa y la nube comenzó a desvanecerse. Lo que vieron cuando desapareció, los hizo caer de rodillas, haciendo la señal de la cruz.

Algunos dicen que vieron un árbol casi transparente, elevándose tan alto como la antigua torre. Otros solo movían sus cabezas y no decían nada. La mayoría vio una armazón rota más allá de toda reparación. Y se iban sombríos, cínicos y tristes.

Vino más nieve. Las ruinas quedaron solas todo el invierno. Ninguno tuvo el coraje siquiera de pensar en ello. Había mucho daño para arriesgar a preocuparse.

En la primavera la gente comenzó a acercarse al lugar nuevamente. Pequeñas campanas parecían repicar entre las hojas centelleantes de arriba, y risa se escuchó debajo donde cae la sombra del árbol. Los niños deambulaban en las ruinas con ojos grandes, tomando pedazos de vidrios de colores, pizarra, cobre, piedra, madera, latón y las páginas dispersas de libros rotos, para jugar con ellos. Sostenían esos pedazos en alto contra la luz y los colocaban en nuevas formas. La desolación se transformó en un patio de recreo, y los pájaros vinieron a hacer sus nidos allí.

Un día, un niño oprimió un pedazo de vidrio coloreado contra el árbol, lo cual todos los niños pudieron ver fácilmente. El vidrio se clavó. No pudo ser sacado. La gente trató de arrancarlo, porque era muy hermoso, reflejando el espectro de la luz como un prisma. Como los pedazos de la antigua iglesia, se incrustó en la presencia viva del árbol, llegó a ser visible para todos.

Los forasteros miraban con descreimiento. "Esto no puede suceder," decían ellos. La física y la política no permiten tales cosas. La delicia ascendió en contra de toda ley natural y social.

Lentamente, con el paso de los años, las piezas de la antigua iglesia crecieron juntas en una mezcla de nuevo y viejo, hasta que se hizo otra vez. Era tan amplia como alta, y finalmente una puerta se abrió, al parecer por sí sola. La gente entró y descansó en la sombra. El viento, las hojas y los pájaros cantaron con los tubos del órgano para unirse a los violines y las voces. Era demasiado bueno y hermoso para ser verdad, pero así era.

Los años pasaron. La nueva iglesia se transformó en vieja. La condición oscilante pero estable, como la llama de una vela, se atenuó a la condición estable del cristal. El año litúrgico comenzó a girar como un juguete gracioso, ornamentando la represión de su profundidad.

Un día, una nueva y joven sacerdote, tomó una llave de su anilla y abrió la pesada puerta. Bajó dando vueltas por la sinuosa escalera hacia las profundidades de la iglesia. Allí encontró algo creciendo entre las piedras debajo de la silla. El lugar estable se había vuelto inestable otra vez. ¡La Navidad afloraba!

Y todavía lo hace...

APÉNDICE:
MÁS INFORMACIÓN SOBRE JUGAR JUNTO A DIOS

La Guía Completa para Jugar Junto a Dios, de los Volúmenes 1 al 4 por Jerome Berryman están disponibles en Living the Good News (Denver, 2002). *El Volumen 1: Como Dirigir las Lecciones de Jugar Junto a Dios* es el manual esencial para la utilización de Jugar Junto a Dios en la escuela de la iglesia o en una amplia variedad de entornos o escenarios alternativos. *Los Volúmenes del 2 al 4* ofrecen las presentaciones completas para el Otoño, el Invierno y la Primavera.

El Centro para la Teología de la Niñez es la organización que patrocina investigaciones en curso, entrenamiento, programas de acreditaciones, el desarrollo de una teología de la niñez para adultos y apoya a Jugar Junto a Dios. El Centro mantiene un programa de entrenamientos y de conferencias relativas a Jugar Junto a Dios, así también como una lista de los entrenadores disponibles en todo momento en éste y otros países para ayudar a establecer programas de Jugar Junto a Dios. *Información de contacto:*

Center for the Theology of Childhood
Church of Our Savior
535 West Roses Road
San Grabriel, CA 91775
(626) 282-3066
fax: (626) 289-3887
correo electrónico: center@godlyplay.org

Godly Play Resources hace artesanías hermosas y materiales durables apropiados para la utilización en un salón de clases de Jugar Junto a Dios. Aunque usted puede hacer sus propios materiales, muchos maestros encuentran a su trabajo simplificado y enriquecido utilizando los Godly Play Resources (Recursos Materiales para Jugar Junto a Dios) para abastecer a su salón de clases. *Información de contacto:*

Morehouse Education Resources
4775 Linglestown Rd.
Harrisburg, PA 17112
(800) 242-1918
fax: (717) 541-8136
www.morehouseeducation.org

El Dallas Children's Medical Center incluye la propuesta de Jugar Junto a Dios en su programa de cuidado pastoral. Este es un centro acreditado para Educación Pastoral Clínica y para la enseñanza de la especialidad de cuidado pastoral pediátrico. *Información de contacto:*

The Reverend Ron Somers-Clark
Chaplain and Director of Pastoral Care
Children's Medical Center of Dallas
1935 Motor Street
Dallas TX 75235-7794
(214) 640-2822

NOTAS A PIE DE PÁGINA

1 Catherine Garvey, *Juego* (Cambridge, Mass: Harvard University Press, 1977)

2 Jean LeClerq, *El Amor de Aprender y el Deseo por Dios: Un Estudio de la Cultura Monástica* (New York: Forham University Press, 1982).

3 Emily Dickinson, *Dickenson*, seleccionado por Peter Washington (New York: Knopf, 1993), 30.

4 Stuart Brown, "Introducción" *ReVisión*, 17, no. 4 (Primavera, 1995) 2

5 Ibídem, "Evolución y Juego," 9

6 Brian Sutton-Smith, *La Ambigüedad del Juego* (Cambrigde, Mass: Harvard University Press, 1977), 7-8.

7 Ibídem, 8.

8 Ibídem, 214.

9 Garvey, *Juego* 4-5.

10 Howard Gardner, *Las Artes y el Desarrollo Humano* (New York: Basic Books, 1994).

11 David Miller, *Dioses y Juegos: Hacia una Teología del Juego* (New York, Harper and Row, Colophon Books, 1973).

12 Jurgen Moltmann, *Teología del Juego* (New York: Harper and Row, 1972).

13 Ibídem, 111-113.

14 Johan Huizinga, *Homo Ludens* (Boston: Beacon Press, 1995).

15 William Golding, *El Señor de las Moscas* (Berkeley: Perigree Books, 1954), 12.

16 Ibídem, 21.

17 Ibídem, 127.

18 Ibídem, 137.

19 Ibídem, 139.

20 Tom Shippey, J. R. R. Tolkien: *Autor del Siglo* (New York: Houghton Mifflin, 2001).

21 Ibídem, 130-135.

22 Eric Berne, *Los Juegos que Juega la Gente* (New York: Grove Press, 1964).

23 Ibídem, 176.

24 Frederick Buechner, *Pensamiento con Esperanza: el ABC de un buscador, Revisado y Expandido* (San Francisco: HarperSanFrancisco, 1993), 38.

25 Ibídem, 33.

26 Ibídem, 34.

27 Robert Farrar Capon, *Entre Mediodía y las Tres* (Grand Rapids, Mich.: Wm. B. Eerdmands, 1997), 96.

28 Ibídem, 113.

29 Beuchner, *Pensamiento con Esperanza*, 49.

30 Mihaly Csikszentmihalyi, *Fluir: La Psicología de la Experiencia Óptima* (New York: HarperCollins, 1990).

31 Ejemplos son Rheta de Vries y Laurence Kohlberg, *Programas en Educación Temprana: La Visión Constructivista* (New York: Longman, 1987). Discusión adicional de esto se puede encontrar en John Chattin-McNichols, *La Controversia Montessori* (Albany, NY: Delmar Publishers, 1992).

32 David Elkind, "Piaget y Montessori," *Harvard Educational Review* (Otoño, 1967).

33 Rita Kramer, *Maria Montessori* (New York: G.P. Putnam's Sons, 1976), 251.

34 Archivos de E.M. Standing. Notas tomadas por Standing. Aparentemente, Ted Standing, no era muy famosos por su italiano. Cavalletti me mencionó esto el 21 de noviembre de 1991, en Roma, y me dijo que ella nunca había oído tal construcción gramática en italiano. Standing debe haber escuchado o deletreado mal alguna combinación de los verbos alzarsi (elevar) y balzare (saltar).

35 E.M. Standing, ed., *El Niño en la Iglesia* (St.Paul, Minn.: Catechetical Guild, 1965), 23.

36 Maria Montessori, *La Mente Absorbente* (New York: Dell Publishing Co., 1967), 176-177. Una más completa y temprana declaración de sus opiniones sobre la imaginación se podrán encontrar en Actividad Espontánea en la Educación: *El Método Montessori Avanzado* (New York: Schocken Books, 1965).

37 Ibídem, 177.

38 Montessori, *Para Educar el Potencial Humano* (Thiruvanmiyur, Madras, India: Kalakshetra Publications, 1948).

39 Montessori, *La Mente Absorbente*, 290.

40 E.M. Standing, *Maria Montessori: Su Vida y su Trabajo* (New York, Penguin, 1984).

41 Ibídem, "Notas del Autor."

42 Massimo Grazzini, *Bibliografía Montessori* (Brescia, Italia: La Scuola Editrice, 1965).

43 Standing, *María Montessori*, 69.

44 Kramer, *María Montessori*, 275.

45 Standing, *El Niño en la Iglesia* (1965), 77.

46 Ibídem, 80.

47 E.M. Standing, ed., *El Niño en la Iglesia* (Londres y Edimburgo: Sands and Co,. 1929), 52.

48 Standing, *El Niño en la Iglesia* (1965), 132.

49 Archivos de E.M. Standing

50 E.M. Standing, *La Revolución Montessori en Educación* (New York: Schoken Books, 1962).

51 Standing, *El Niño en la Iglesia* (1965), 131.

52 Sofía Cavalletti, "*El Itinerario Espiritual de Eugenio Zolli*" *Responsabilidad del Saber* (Abril-Septiembre, 1956), 221-252.

53 Sofía Cavalletti, *El Potencial Religioso del Niño: La Descripción de una Experiencia Con Niños de Tres a Seis Años de Edad* (Ramsey/New York: Paulist Press, 1983), 161. El Potencial Religioso del Niño (Roma: Citta Nuova Editrice, 1979).

54 Ibídem, 164.

55 Standing, El Niño en la Iglesia (1965), 215-216.

56 Josef A. Jungmann, *Die Frohbotschaft und unsere Glaubensverkundigung (retirado de publicación, 1936). Las Buenas Nuevas Ayer y Hoy*, ed. Johannes Hofinger, trad., abreviado, y notas por William A. Huesman (New Yor: W.H. Sadlier, 1962). Este fue el 25° Aniversario de *Die Frohbotschaft*.

57 Mary C. Boys, la Interpretación Bíblica en la Educación Religiosa: Un estudio de la Era Kerigmática (Birmingham: Alabama: Religious Education Press, 1980), 81-82. Este libro es la mayor fuente de ayuda para el trasfondo y una interpretación del ascenso y caída de la historia de la salvación en la educación religiosa de Norteamérica.

58 Josef A. Jungmann, *Glaubensverkundigung im Lichte der Frohbotschaft* (Insbruck, Viena, Munich, Tyrolia Verlag, 1963). Anunciando la Palabra de Dios, traductor Ronald Walls (New York: Herder and Herder, 1967).

59 Sofía Cavalletti, "Il liturgismo del metodo Montessori" (El Liturgismo y el Método Montessori) *L'Osservatore Romano* (Ciudad del Vaticano, 19 de Diciembre de 1962).

60 Cavalletti, *El Potencial Religioso del Niño*, 45.

61 Henry Chadwick, *Agustín* (Oxford: Oxford University Press, 1986), 2.

62 Agustín, traducido por Henry Chadwick, *Confesiones* (Oxford: Oxford University Press, 1991), 9.

63 Marcia J.Bunge, *El Niño en el Pensamiento Cristiano* (Grand Rapids, Mich.: Wm. B. Eerdmans, 2001), 350.

64 Karl Rahner, *Investigaciones Teológicas*, vol. 8 (Londres: Darton, Longman and Todd, 1971), 33-50.

65 Mary Ann Hinsdale, "Apertura Infinita hacia el Infinito: La Contribución de Karl Rahner al Pensamiento Católico Moderno sobre el Niño" en Marcia J. Bunge (ed.), *El Niño en el Pensamiento Cristiano* (Grand Rapids, Mich.: Wm. B. Eerdmans, 2000), 406-445.

66 John N. Kohlenberg, III. *La Concordancia Integra de la NVER* (Grand Rapids, Mich.: The Zondervan Corporation, 1991).

67 Hans-Ruedi Weber, *Jesús y los Niños* (Loveland, Ohio: Treehaus Communications, 1994).

68 Bunge, *El Niño en el Pensamiento Cristiano*, 29-60.

69 Weber, *Jesús y los Niños*, 2.

70 Ibídem, 7, 21.

71 Ibídem, 7.

72 Ibídem, 6.

73 Ibídem, 11.

74 Diane J. Hymans, *El Rol del Juego en un Enfoque Cultural-Linguistico a la Religión: Implicaciones Teóricas para la Educación en la Comunidad de Fe* (D. Ed. Dissertation, The Presbyterian School of Christian Education, Richmond, Virginia, 1992).

75 Weber, *Jesús y los Niños*, 19.

76 James W. Fowler, Etapas de la Fe: *La Psicología del Desarrollo Humano y la Búsqueda de Significado* (San Francisco: Harper and Row, 1981).

77 D. Winnicott, *Juegos y Realidad* (New York: Basic Books, 1971)

78 M. H. Abrams, Editor General, *La Antología Norton de la Literatura Inglesa, Volumen 2* (New York: HarperCollins, 1983).

79 Samuel Terrien, La Elusiva Presencia: *El Corazón de la Teología Bíblica* (New York: HarperCollins, 1983).

80 James P. Carse, *Juegos Finitos e Infinitos*: Una Visión de Vida (New York: Ballantine, 1987).

81 Terrence Deacon, *Las Especies Simbólicas: La Co-Evolución del Lenguaje y el Cerebro* (New York: W. W. Norton, 1997).

82 Deacon, *Las Especies Simbólicas*, 540.

83 Mark Thiessen Nation y Samuel Wells, *Fidelidad y Fortaleza: En Conversación con las Eticas Teológicas de Stanley Hauerwas* (Edimburgo: T&T Clark, 2000), 123.

84 Erik Erikson, *Niñez y Sociedad*, 2ª Edición (New York: W. W. Norton, 1963).

BIBLIOGRAFÍA

Berne, Eric. *Games People Play*. New York: Grove Press, 1964.

Boys, Mary C. *Biblical Interpretation in Religious Education: A Study of the Kerygmatic Era*. Birmingham, Alabama: Religious Education Press, 1980.

Brown, Stuart. *Revision*, vol. 17, no. 4 (Spring, 1993). In addition to Brown's "Introduction" and "Evolution and Play," the entire issue is relevant.

Bunge, Marcia J. *The Child in Christian Thought*. Grand Rapids, Michigan: Wm. B. Eerdmans, 2001.

Cavalletti, Sofia. "L'itinerario spirituale di Eugenio Zolli," *Responsibilita del Sapere*. April—September, 1956.

_____. *The Religious Potential of the Child: The Description of an Experience with Children from Ages Three to Six*. Ramsey/New York: Paulist Press, 1983; *Il Potenziale religioso del bambino* Rome: Citta Nuova Editrice, 1979.

_____. "Il liturgismo del metodo Montessori" *L'Osservatore Romano*. Vatican City, 19 December 1962.

Chadwick, Henry. *Augustine*. Oxford: Oxford University Press, 1986.

_____. *Confessions*. Oxford: Oxford University Press, 1991.

Chattin-McNichols, John. *The Montessori Controversy*. Albany, NY: Delmar Publishers, 1992.

Deacon, Terrence. *The Symbolic Species: The Co-Evolution of Language and the Brain*. New York: W. W. Norton, 1997.

De Vries, Rheta and Lawrence Kohlberg. *Programs in Early Education: The Constructivist View*. New York: Longman, 1987.

Elkind, David. "Piaget and Montessori," *Harvard Educational Review*. Fall, 1967.

Erikson, Erik. *Childhood and Society, 2nd ed*. New York: W. W. Norton, 1963.

Fowler, James W. *Stages of Faith: The Psychology of Human Development and the Quest for Meaning*. San Francisco: Harper and Row, 1981.

Gardner, Howard. *The Arts and Human Development*. New York: Basic Books, 1994.

_____. *Creating Minds*. New York: Basic Books, 1993

Garvey, C. *Play*. Cambridge, Mass.: Harvard University Press, 1974.

Golding, William. *Lord of the Flies*. Perigee Books, Berkley Publishing, 1959.

Grazzini, Massimo. *Bibliografia Montessori*. Brescia, Italy: La Scuola Editrice, 1965.

Huizinga, Johan. *Homo Ludens*. Boston: Beacon Press, 1955.

Hymans, Diane J. *The Role of Play in a Cultural-Linguistic Approach to Religion: Theoretical Implications for Education in the Faith Community*. D. Ed. Dissertation, The Presbyterian School of Christian Education, Richmond, Virginia,1992.

Jungmann, Josef A. *Die Frohbotschaft und unsere Glaubensverkundigung* (withdrawn from publication, 1936). *The Good News Yesterday and Today*, ed. Johannes Hofinger, trans., abridged, and noted by William A. Huesman. New York: W. H. Sadlier, 1962.

Jungmann, Josef A. *Glaubensverkundigung im Lichte der Frohbotschaft.* Insbruck, Vienna, Munich, Tyrolia Verlag, 1963; *Announcing the Word of God*, trans. Ronald Walls. New York: Herder and Herder, 1967.

Kohlenberger, III, John N. *The NRSV Concordance Unabridged.* Grand Rapids, Mich.: The Zondervan Corporation, 1991.

Kramer, Rita. *Maria Montessori.* New York: G. P. Putnam's Sons, 1976.

LeClerq, Jean. *The Love of Learning and the Desire for God: A Study of Monastic Culture.* New York: New American Library, 1962.

Miller, David. *Gods and Games: Toward a Theology of Play.* New York: Harper and Row, Colophon Books, 1973.

Montessori, Maria. *The Absorbent Mind.* New York: Dell Publishing Co., 1967.

_____. *To Educate the Human Potential.* Madras, India: Kalakshetra Publications, 1948.

Moltmann, Jurgen. *Theology of Play.* New York: Harper and Row, 1972.

Nation, Mark Thiessen and Samuel Wells. *Faithfulness and Fortitude: In Conversation with the Theological Ethics of Stanley Hauerwas.* Edinburgh: T&T Clark, 2000.

Rahner, Karl. *Theological Investigations.* London: Darton, Longman and Todd, 1971.

Standing, E. M., ed. *The Child in the Church.* London and Edinburgh: Sands and Co., 1929; St. Paul, Minn.: Catechetical Guild, 1965.

_____. *Maria Montessori: Her Life and Works.* London: Hollis and Carter Ltd., 1957; New York: New American Library, 1984.

_____. *The Montessori Revolution in Education.* New York: Schocken Books, 1962.

Sutton-Smith, Brian. *The Ambiguity of Play.* Cambridge, Mass.: Harvard University Press, 1997.

Terrien, Samuel. *The Elusive Presence: The Heart of Biblical Theology.* New York: HarperCollins, 1983

Weber, Hans-Ruedi. *Jesus and the Children.* Loveland, Ohio: Treehaus Communications, 1994.

Winnicott, D. *Playing and Reality.* New York: Basic Books, 1971.

www.ingramcontent.com/pod-product-compliance
Lightning Source LLC
Chambersburg PA
CBHW080737230426
43665CB00020B/2768